JN080418

キネマの玉手箱

大林宣彦

ユニコ舎

キネマの玉手箱

目次

生命の章 ―― 病気と闘う者として　9

非戦の章――敗戦国の軍国少年として 105

構成　榛名かため
写真　渡辺富雄
装画　森泉岳土
装丁　齋藤ひさの

生命の章——病と闘う者として

「それができんのなら、
おみゃあら、あきらめるな！
もうこれが最後じゃ思おても、
最後まで生きることを考えろ！」

『海辺の映画館—キネマの玉手箱』シナリオより

二打席連続ホームランで、今回は場外

肺癌《はいがん》のステージ4、余命半年という診断を受けた日から、余命半年を大幅に通り越した約三年後の二〇一九年六月二十一日。東京・東五反田の東京映像センターで、僕の最新作『海辺の映画館—キネマの玉手箱』の初号試写会が行われた。戦争映画を見ていた三人の若者がスクリーンの世界に飛び込み、さまざまな映画の世界を体験し、広島で原爆に遭《あ》う直前の移動劇団「桜隊」と出会い、命の尊さに直面するという物語。試写会当日は映画に携わってくれた俳優陣やスタッフ、これまでお世話になった方たちが大勢来てくれた。

正直なところ、前作の『花筐／HANAGATAMI』は高い評価を得たが、その次の作品というのは映画の世界では酷評されることがよくあり、新作が皆の目にどう映るのか案じていた。『花筐／HANAGATAMI』は、檀一雄の純文学「花筐」を原作に、戦争の足音が迫る時代を懸命に生きる若者たちの友情や恋を赤裸々《せきらら》に描き出した青春群像劇。ありがたくも第七十二回毎日映画コンクールの日本映画大賞をはじめ、国内外で数々の映画賞をいただいた。

そんな『花筺／HANAGATAMI』の公開から約一年半後に行われた『海辺の映画館―キネマの玉手箱』の試写会には一抹の不安を抱えていたが、上映を終えるや、「前作以上の傑作だ」とか、「歴代の大林映画の中でも最高の作品だ」などという評価が寄せられた。「混沌《こんとん》としていてよくわからないのだけれども何かを感じる」と正直な感想を漏らした方もいたが、「二打席連続ホームランで、今回は場外でしたよ」などとおっしゃる方もいて、僕はホッと肩をなでおろし、心から嬉《うれ》しい日となった。

「肺癌のステージ4、余命半年」の宣告

『海辺の映画館―キネマの玉手箱』は、郷里の広島県尾道市でクランクインが予定されていたのだが、その直前、撮影自体ができるかどうか危ぶまれる状況に見舞われていた。近年問題になっている異常気象により、中国地方を記録的な豪雨が襲い、その影響で尾道は全域で断水。現地スタッフは、とても映画の撮影ができるような状況ではないと険しい顔を覗《のぞ》かせていた。

ところが、ロケ場所としてお借りすることになっていたお宅の方から、「映画を撮って

いただくと、私たちも元気になるし、誇りにもなる。勇気にもなるからぜひやってください」という申し出があり、撮影が敢行されることとなった。断水をしていても井戸水を使ったりして、市民の方々には撮影に協力をいただいた。尾道の市民が映画に協力することがこの町の誇りにもなるという意識が芽生えていることに、映画の力を感じずにはいられなかった。

尾道での撮影は約二十年ぶりだろうか。久しぶりの尾道は、良い変化を見せていた。一時期の尾道は、海上に巨大な橋が架けられたり、港近くに商業施設ができたり、人間の都合を優先した開発が進んでいた。せっかくの美しい景観が損なわれていく古里に、僕は失望せずにはいられなかったのだが、最近は古き良き尾道を愛する若い市民たちが、まだ残る昔の情景を慈《いつく》しんで、「こんな不便なところによく住むなぁ」と言いたくなるような場所にわざわざ住んでいたりもする。おかげで、尾道の懐かしい街風景をキャメラに収めることができた。

そんな『海辺の映画館─キネマの玉手箱』のクランクインは、二〇一八年七月二日だった。一方、肺癌であることがわかったのは、遡《さかのぼ》ること約二年前の二〇一六年八月二十四日のこと。その日は映画『花筐／HANAGATAMI』のクランクイン前日だった。翌日から佐賀県の唐津市で撮影がいよいよ始まるというその前日。映画に携わる全員が日本中から集まって、〝オールスタッフ〟と呼ばれる会議が行われた。〝オールスタッフ〟とは、映画に関わるすべてのキャストとスタッフが一同に会し、映画の方向性を共有して段取りを固める結団式のようなものである。そのわずか二時間前に、唐津赤十字病院の梅ちゃん先生（僕は愛を込めて梅口仁美先生を梅ちゃん先生と呼んでいた）から受けたのが「肺癌のステージ4、余命半年」という宣告。

体調が悪いだとか、病気の兆候のようなものはまったくなかった。ただ二〇一〇年に心臓にペースメーカーを入れる手術をしていたために、三カ月に一回はペースメーカーがきちんと動いているかどうかの定期検査を国際医療福祉大学三田病院でしていた。また、定期検診に加えて、六カ月に一度は内科検診も受けていた。その際に医者からすぐに精密検査をするよう促されたのだが、何しろ『花筐／HANAGATAMI』のクランクイン直前だったため、僕には検査をする時間がなかった。そんな僕に医者はあきれた顔で「時間がないとかそういう問題ではない！」と叱責《しっせき》した。しかし、僕は「本当に時間がないんで、とにかくロケに行きます」と言い返して唐津に向かってしまった。そんな僕を見捨てず、三田病院内科担当の佐藤敦久先生は、唐津赤十字病院に僕の検査データを送ってくださっていた。

そのような経緯があって、これから撮影が始まるというタイミングで、肺癌のステージ4かつ余命半年という宣告を受けたのだが、唐津赤十字病院で梅ちゃん先生から告げられたときは、不思議なことに体がポーッと温かくなって嬉しさが沸きあがった。肺癌のステージ4と宣告されて嬉しいなんておかしいじゃないかとよく指摘されるのだが、それは、そのとき撮ろうとしていた映画が檀一雄の「花筐」を原作としたものだったからだと思う。

実は、『花筐』は、四十年前に映画化を試みている。結局、そのときは映画化に漕《こ》ぎつけなかったのだが、かなり具体的に話が進んでいた。原作者の檀一雄さんのもとへ、映画化の許諾を取るために会いにも行ったのだ。

当時、檀さんは肺癌を患《わずら》っていた。しかもステージ4。『花筐／HANAGATAMI』クランクイン直前に僕が受けた診断とまったく同じだ。檀さんは、のちに代表作となる「火《か》宅《たく》の人」の最終章を口述筆記で仕上げている最中だった。そこへ僕は「花筐」を映画化させてほしいとお願いに参じたのだ。檀さんは「僕の昔の作品を今どき映画にされるなんて珍しい方ですな。どうぞ、どうぞ」と快諾してくださったのだが、「花筐」は空想で書かれた小説だったため、映画化するにあたって、どこを舞台にしたらいいのかという問題に直面した。そこで僕は「『花筐』を映画にするには具体的な風景が必要なのですが、どこか参考になるところはないでしょうか」と檀さんに尋ねた。すると、檀さんは「唐津に行ってごらんなさい」と言った。

僕はすぐさま唐津へ向かったのだが、唐津には何もなかった。というより、若い僕は唐津のなんたるかを見ることができなかったのだ。「これじゃあ映画は撮れない」と考えて別の撮影場所を探すうちに、檀さんが亡くなられ、いつしか映画化の話も立ち消えとなってしまったのだが、実はこのとき、どこかホッとする僕がいたのも事実。文学者志望だった若い僕は、檀さんの原作に憧れて「花筐」を映画化しようと考えたのだが、「本当にやれるのか」という不安がずっとつきまとっていたのだ。それが、映画が中断した大きな理由のひとつでもあった。

あれから四十年が経った日本は、まったく違う国に変貌していた。高度経済成長期、バブル景気とその崩壊、阪神・淡路大震災、そして東日本大震災があり、今日がどうなるか誰にもわからないという感覚を皆が抱くようになったのだ。そんな中、明日をも見えない世の中に映画という光を与えたいと考えた僕は、もう一度「花筐」の映画化を試みようとして、かつて檀さんに言われたことを思い出して唐津を再訪した。すると、四十年前に見えなかった唐津の精神を見ることができた。それは〝唐津くんち〟に顕著《けんちょ》に見て取れた。
戦国時代、当時権力を握っていた豊臣秀吉は、朝鮮出兵を見据えて唐津に名護屋城《なごやじょう》を築いた。すると、そこに日本中から名のある武士が集結。力をふりかざす武士たちに町人たちは里を乗っ取られてしまう。しかし、町人たちは権力には屈せず、むしろ武士をうまく使って、関係性を良好に保とうと知恵を絞った。そして、城外に追い出された町人たちが一年に一度楽しめる〝唐津くんち〟が生まれたのだという。

そんな歴史を持つ〝唐津くんち〟(地元の人は愛を込めて〝おくんち〟と呼ぶ)で、唐津の人々は今も命がけで山と呼ばれる山車《だし》を曳《ひ》いて、権力に屈しないという精神を見せつけている。なんでも曳き手は世襲制で、限られた人しか山を曳くことはできなかったのだとか。戦争中は男たちが軍隊に徴兵されて曳き手が不足し、山の巡行が危ぶまれた。そんなとき唐津の女たちが〝おくんち〟を守るために山を曳いた。何があっても実施されてきた〝おくんち〟は、唐津の精神そのものだ。檀さんが「唐津に行ってごらんなさい」と諭《さと》したのは、「唐津の風景を見てきなさい」と言ったわけではなく、「唐津の精神を知ってきなさい」ということだったのだ。

唐津の人たちの精神を〝おくんち〟に見て取った僕は、『花筐／HANAGATAMI』

のロケ地を唐津に決めたのだが、いよいよクランクインというタイミングで今度は僕が肺癌に罹患《りかん》した。しかし、四十年もの間、「花筐」の映画化構想を練っていた僕には、「檀さんと同じ肺癌だ。一緒になった。映画『花筐』をこしらえる資格ができた。檀さんとつながったぞ」という思いが沸き上がっていた。ゆえに、肺癌ステージ4という診断を嬉しく思ったのだ。

砧緑地で見た人生最高の虹

二〇一六年八月二十四日の〝オールスタッフ〟では、「『花筐』を映画にできるよ」「檀さんとつながったよ」という喜びをスタッフ全員に伝えたいという思いが僕にはあった。決して、肺癌ステージ4という緊急事態を報告しようということではなかった。その場には、僕の古里である広島の尾道をはじめ、僕のつくった映画で舞台となった新潟の長岡、北海道の芦別、大分の臼杵、もちろん東京からもたくさんの仲間が集まり、唐津の市民の方たちも集結していた。そこで映画のプロデューサーで僕の奥さんの恭子さんが「監督が肺癌の第4ステージと診断されました」と皆に報告した。恭子さんは続けた。

「監督はやり遂げますから、心配することなく一緒にやりましょう！」

皆なんとなくそれで納得して、その夜はクランクインを祝してパーティーを催した。

翌日、秋季例大祭が〝おくんち〟で賑わう唐津神社で映画成功の祈願をしてから、徹夜に近いような撮影を二日間敢行した。僕のカラダは「果たして本当に肺癌ステージ4なのか？」と疑ってしまうくらい、なんともなかった。

その翌日、「ほらほら、なんともないですよ。元気ですよ」と、唐津赤十字病院に行って検査をしたのだが、そこで梅ちゃん先生は「今日は余命三カ月になりました」と言う。僕は「え？　たった二日で余命三カ月になっちゃったの？」と思わず訊《き》いた。すると梅ちゃん先生は「癌細胞は倍々ゲームのように、倍々と増えていくので、あっという間に余命三カ月になりますし、ひょっとすると一週間後には手遅れということにもなりかねません」と説明した。そこで初めて自分の置かれている状況を把握した僕は、治療しなければならないと観念したのだが、唐津に駆けつけた娘の千茱萸《ちぐみ》は、「入院すると病人になってしまうから、入院せずに治す方法を探してほしい」と梅ちゃん先生に相談を持ちかけた。彼女は癌体験者で、手術ではなく免疫療法で治していたのだ。千茱萸の要望に、梅ちゃん先生は「三カ月なら責任を持つ」と断言してくれたのだが、映画をつくりあげるには最低でも一年が必要なのである。すると梅ちゃん先生は、東京の板橋区にある帝京大学医学部附属病院の関順彦《せきのぶひこ》先生を僕に紹介した。梅ちゃん先生が尊敬する肺癌の専門医だ。

僕は三日後に東京に戻って、関先生のいる帝京大病院に検査入院をすることになった。梅ちゃん先生は「関先生に預けることができて良かった」とホッとしていたとか。

お会いした関順彦先生の「順彦」は「ノブヒコ」と読む。それを知った千栞莢は「勝った！」と思ったという。同じノブヒコ同士、うまくいかないはずはないと直感したらしい。

そんな関先生が僕に求めてきたのは最低三週間の検査入院だった。その結果を踏まえて治療方法を決めて、その治療次第で唐津に戻ることも不可能ではないけれど、この病院に入院してもらうのが最善、との所見だった。

ところが、関先生に恭子さんが猛反発した。「この人はどう見てもなんの自覚症状もないし、映画の撮影現場にいたほうが元気だから、現場にすぐに連れて帰りたい」と、確信を持って訴えたのだ。一方、千栞莢は「せっかく東京に来たのに唐津にとんぼ返りなんてどうすればいいのだろう」と悩んでいる様子だった。当の僕はというと、検査入院を覚悟していたものだから、正直なところ恭子さんの言い出したことに驚きを隠せずにいたのだが、確信を持って関先生を説得する恭子さんの姿を見て、あることを思い出した。それは大林家の男子が皆、名前に〝彦〟という字がついて、皆医者になるということだ。関先生と甥っ子がちょうど同年代ということもあって、関先生が甥っ子のように感じられたということも大きかったと思う。僕は関先生に言った。

「関先生が『宣彦おじさん、現場に帰ってください』と背中を押してくだされば、僕は安心して現場に帰れるんですけどね」

するると関先生は五秒ほど僕の顔をじっと見て「じゃあ、現場にお帰りください」と告げた。それはどこか決断をしたかのような顔だった。

そう言われたらここにいる必要はない。僕たちはすぐ唐津に引き返すことになったのだが、関先生は多忙にもかかわらず僕たちの姿が見えなくなるまで診察室のドアのところで見送ってくださっていた。関先生は「唐津から無事に帰ってこられるのだろうか」と思っていたのかもしれない。

そんな関先生に見送られた僕は、新幹線の都合もあり、唐津に戻る前に東京の自宅に一泊して、ついでに四年がかりで書いていた本の最後の原稿を出版社の担当者に渡すこととなった。こうして、無事に本の仕事も終わり、映画に集中できる環境が整ったのだった。

翌日、タクシーで新横浜駅に向かう途中、世田谷の砧緑地《きぬたりょくち》の近くにさしかかったところで、恭子さんが叫んだ。

「きれい！」

見上げれば、空に三本の虹がかかっていた。一本の虹ならよく見るけれど、三本の虹なんてそう滅多《めった》にお目にかかれるものではない。人生最高の虹。とてもいいことがありそうだという予感がした。

ほとんど消えた癌の影

その後、タクシーは新横浜駅に行く前に千葉茰夫妻の待つ場所に寄った。すると、千葉茰が笑いながら誰かと携帯で電話をしているではないか！　思わず僕は「親が死にそうだというのに、笑いながら電話をするような非常識な娘に育てた覚えはない」などと皮肉を言ったのだが、千葉茰の興奮はとまらなかった。

「イレッサが効くんだって！」

彼女の電話の相手は梅ちゃん先生だった。イレッサとは二〇〇二年に使用が開始された肺癌の特効薬で、副作用が続発したために社会問題となった薬である。一時期使用が中止となったものの、その後、研究が進んでイレッサを飲んでも薬害がないと思われる患者の条件が判明した。それは、黄色人種で喫煙経験のない未婚女性というもの。僕は若い頃に喫煙者だったし、女性でもないので、その条件に当てはまるのは、黄色人種であるということだけである。ところが、そんな僕のカラダに、なぜかイレッサが適合するという。

　イレッサが使えるとわかったのも、梅ちゃん先生のおかげだった。心臓の悪い僕はＣＴ（コンピューター断層撮影）を撮ることができなかったのだが、梅ちゃん先生は内視鏡で生検、つまり、疑わしい病変の一部を採《と》っていて、その検体を東京の関先生のもとに送ってくださっていたのだ。それで関先生が検体を調べて、イレッサが効くカラダだとわかり、関先生は僕が唐津に戻ったはずだからと、梅ちゃん先生に連絡を入れ、彼女が千茱萸に電話で知らせるという伝言ゲームが行われていたというわけ。梅ちゃん先生と電話をしていた千茱萸が笑顔を見せたタイミングに、僕は彼女のもとへと辿《たど》り着いたのだ。

　前日、関先生から僕は「唐津に戻ったら点滴治療をして、それだけきちんとしてくれたら現場に戻ってもいいですよ」と言われており、恭子さんも「唐津での治療なら」と納得。撮影現場に近ければ、現代の電子機器を駆使して現場とのやり取りも可能だ。そんな覚悟で唐津に戻ろうとしていた矢先の「イレッサが効く」という知らせだった。飲み薬のイレッサなら、ポンと口の中に入れるだけ。薬を飲むだけでいいならこんな楽なことはないと、僕はルンルン気分で唐津に戻った。

ところが、そんな僕を迎えた唐津赤十字病院のスタッフたちは、僕が末期癌で手の施しようがなく、東京の病院で見捨てられて帰ってきたのだと思っていたそうだ。関先生からの連絡を知っていたのは梅ちゃん先生だけだった。

こんな笑い話のオマケがついて、イレッサによる治療は始まった。最初にイレッサを飲んだのが夕方六時だったので、その日から毎夕六時にイレッサを飲んで病院で夜を過ごし、翌朝、血液検査などひと通り検査をして、午前十時に病院を出て現場に行き、撮影をして夕方また病院に戻るというルーティンとなるはずだった。ところが、映画の撮影に没頭するあまり、その翌日からイレッサを飲むはずの六時が八時になり、十時になり、十二時になり、数日後にはとうとう明け方になってしまった。僕は撮影現場にいて逃げも隠れもしていないので、病院も僕の居場所はわかっているはずなのだが、病院としては急に倒れたりすることもあるので連絡は不可欠という約束だった。聞けば、捜索願が出されそうになる寸前だったとか。携帯電話には病院からの着信履歴がいくつも残っていたのだけれど、撮影に追われて携帯電話をチェックする余裕もなかったのだ。

そして、イレッサを服用して五日後。それまで神妙な顔をしていた梅ちゃん先生が、スキップをして僕の病室へとやって来た。聞けばイレッサが異様に効いたのだという。なるほどレントゲン写真を見ると、イレッサを飲む前と飲んで五日が経ったあととでは、癌の影がほとんど消え去っていることが、素人の僕にもわかった。しかもイレッサは、爪が割れたり皮膚が剥《は》がれたり、口内炎ができるなど、副作用も現れることがあるといわれた薬だったのだが、幸いなことに僕は一切副作用に見舞われなかったのだ。

こうして、肺癌ステージ４という自覚症状のないまま、イレッサのおかげで四十五日ほどに及ぶ撮影が終了し、僕は東京に生還した。

広島県出身の人間が放射線で命が助かる矛盾

イレッサが効いて、撮影も終わってホッとしたのも束の間。僕は東京で映画の編集作業を進めながら、二週間に一度、帝京大学医学部附属病院に行く日々を過ごしていたのだが、三度目くらいの通院のときだったと思う。関先生に「ちょっと懸念が出てきました」と告げられたのだ。血液検査の結果、腫瘍マーカーの数値が上昇しており、癌細胞が悪さをしているとのことだった。実は、梅ちゃん先生にも「CTで調べていないから確かなことは言えないけれど、脳に癌が転移している可能性もありますから、東京に戻ったら脳も調べてください」と言われていたのだ。医師の勘というものは見事なもので、調べてみると脳への癌転移が認められた。

脳の癌は、放射線治療が行われることとなった。土・日曜日を避けた二週間、これ以上照射しては致死量に達してしまうというぎりぎりの量の放射線を脳に当てるという治療で、一日あたり照射する時間はたったの二十秒ほど。ピンポイントで患部に照射しなければならないので、僕の頭の形に合わせて僕専用のフェンシングのような面をつくって、それを被《かぶ》って、ベッドに体を固定して放射線を照射するという治療である。

放射線治療を担当してくださった帝京大学医学部附属病院の先生は、「通常の抗癌剤治療でも副作用で頭髪が抜ける人がいますが、放射線治療は確実に髪の毛が抜けます。抜けるというよりも、髪の毛が放射線で焼けてしまうんです」と僕に説明した。つまり、被爆《ひばく》なのである。僕は原爆を落とされた広島県出身で、親しい仲間を原爆で失った経験がある。思わず口をついて出たのは「広島の人間である僕の命が被爆のおかげで助かるなんて矛盾していますね」という言葉。それに対して先生は毅然として「化学療法とはそういうものです」と告げた。先生のきっぱりとした物言いに僕も納得して、放射線治療を容認した。

ちなみに、本来なら放射線治療をする際は、入院をして点滴を打ち続けなければならないのだが、僕には映画の編集作業があり、東京・調布市にある角川大映のスタジオに行かねばならなかったため、入院はせず、飲む点滴ということで代用することとなった。飲む点滴は、毎日三回、食後に義務づけられたのだが、この飲む点滴というのが曲者《くせもの》だった。とても口に入れられるような味ではなかったのだ。苦いとか甘いとか酸っぱいという表現のできないシロモノで、おおよそ人間が飲むものとは思えないもの。この飲む点滴のおかげで、僕はその後しばらく味覚障害に悩まされた。それまでおいしいと好んで食べていたものがまずく感じられるようになってしまったのだ。

そんな飲む点滴と毎日三回戦いながら、僕は編集作業に勤《いそ》しみつつ、通院で放射線治療を受けることになったのだが、一方で僕は主治医の関順彦先生に、あるゲームを挑んでいた。放射線治療を始めると、三日から四日で毛が抜け始め、五日もすれば放射線を当てたところは全部髪の毛が抜けるということだったので、僕の髪の毛が抜けるかどうかを関先生と賭けたのだ。結果は僕の勝ち。放射線を浴びていた二週間、どういうわけか僕の髪の毛は抜け落ちずにいた。「放射線治療が効いたことは確かなのに、髪の毛が抜けないなんて」

と、関先生は不思議そうな顔を見せ、僕はというと人間の意思で病をコントロールすることはできるのだなと妙な自信をつけたのだが、放射線治療の全日程を終えて帰宅すると、摩訶不思議《まかふしぎ》なことに髪の毛はすべて抜け落ちた。医師にも想定できなかった現象が起きたのである。

癌は人を殺さない

脳の癌を放射線で治療したと思ったら、今度は飲み薬のイレッサが効かなくなってきたということが判明した。癌細胞も生き延びたいので、薬に耐性がつくのだという。そこで処方されたのはタルセバという口シアの薬。こちらも飲めばいいだけという抗癌剤だった。イレッサはイギリス、タルセバはロシア、それを日本人の僕が飲むという国際交流を体験し、世界平和の象徴だと僕はのんきに威張《いば》っていたのだが、一難去ってまた一難。僕にさらなる難敵が立ちはだかる。白血球の値が異様に増えていたのだ。白血球値の上昇は癌にとっても大敵である。関先生は原因がわからず、頭を悩ませていたという。

そんな関先生に僕は、背中にできていた粉瘤《ふんりゅう》の相談をした。粉瘤とは、皮膚の下にできる袋状の構造物で、本来皮膚から剥げ落ちるはずの垢《あか》（角質）と皮膚の脂《あぶら》（皮脂）が、剥げ落ちずに袋の中に溜まってしまってできた腫瘍の総称である。これまでも時々粉瘤ができては弾《はじ》けて治っていた僕は、このときの粉瘤もよくあることだとしか思っていなかった。ただ、いつもより粉瘤が大きくて痛かったので、癌の治療が終わってから手術してもらえばいいと楽観的に自己判断をして、粉瘤が痛むことを先生に伝えるでもなく、それまで我慢していたのだ。

白血球の値が上昇している原因は、まさにこの粉瘤にあった。原因がわかって顔色が明るくなった関先生は「体の異変はすべて病気につながっています。小指の先が痺れたりしただけでも僕に報告してください。すべての異変を総合して、病原を捕らえていくのが現代の医学なんです」と注意した。なるほど、ひとつの体に十種類の病気があるのではなく、ひとつの病気が十種類の病気を引き起こしているということなのだ。

粉瘤の治療は、心臓のペースメーカーでお世話になっていた国際医療福祉大学三田病院の諫見《いさみ》有紀先生にお願いすることとなった。聞けば諫見先生は尾道出身とのこと。偶然といえば偶然なのだが、僕にしてみれば彼女との出会いは必然だった。僕は人や映画と偶然のようで必然的な出会いを繰り返してきたという妙な自信があったのだ。

そんな甘えと安心があって、二週間ほど三田病院に入院して徹底的に治療したのだが、入院したら体力が落ちてしまった。実はペースメーカーを入れたときも、生まれて初めて十日間の入院を経験し、体力が落ちてしまったのだが、そのことをすっかり忘れていた僕は、仕事もひと段落したので、病院でゆっくり休もうと思ってしまったのだ。しかし、休んだら衰えるだけなのである。山に登っている人も畑仕事をしている人も、八十歳になろうが九十歳になろうが体を動かしている人は元気な人が多い。いつも動いている人は動き続けていなければならないのである。

粉瘤の治療を終えた僕に、関先生は言った。

「癌では人は死にませんよ。癌は人を殺さない病気になっています。でも、癌に付随《ふずい》して現れる粉瘤が悪化して、癌を抑える役目を果たしている白血球が機能しなくなると、死に至るんです。そうなった場合の死因は癌となるわけです」

死因は癌というケースが多いけれども、癌が直接の原因で死ぬことはわずかで、ほかの病気が癌細胞を刺激して死んだ場合も死因は癌となるという。現に、粉瘤の治療で僕は癌闘病に大事な体力を消耗してしまったわけで、粉瘤が命とりになってしまう可能性もあったのだ。

科学がどんなに進歩しても「医は仁術」は不変

治療を続ける中で、僕にはひとつの疑問が浮かび上がっていた。それは「医者は病気を経験したことのない患者の素人ではないか」ということ。そんな僕に医者のプロである関先生は、「患者の経験がない医者は、これまでの治療のデータを参考にして、最大公約数で診察するしかない」と説《と》く。つまり、一万人の患者のデータをひとならしにして僕の癌を治療するということである。「それしか僕たち医者には治療法がないのです」と関先生。しかしながら、百人いれば百通りの患者がいて百通りの病状があるわけである。肝《きも》になるのは、ひとりひとりの患者の治療法をどう考えればいいのかということだ。関先生は「病気になった経験のない素人の医者と病気のプロである患者が話をして、次の段階で医学のプロの医者と医学のアマチュアの患者とが対等に話をする、つまり、プロとアマとが入れ替えで対等に話ができれば、医者と患者の良好な関係ができます」と説明する。

関先生は、音楽に例えるならオーケストラを編成して患者の治療にあたっている。オーケストラの中では作曲家の役割を果たす医者と演奏家の役割を果たす医者とがいて、関先生は作曲家にあたり、関先生がつくった曲を指示通りに奏でるのは演奏家である若い医者の役割となる。関先生の紡《つむ》ぐ音楽の聴き手は患者で、患者に合わせて音楽をつくったりアレンジしたりする。僕の場合なら、治療を僕に合わせて施してくれるということだ。

余談だが、医科大学など、医師を養成する学校を卒業して間もない若手の医者のほうが手術は巧みなのだとか。どう見ても青二才といった風情の若い医者のほうが、ベテランの関先生よりもよっぽどうまく、確実に演奏するそうだ。さまざまな楽器を奏でる名演奏家、つまり各分野の名医十人ほどを関楽団は有して、僕に合わせた治療を進めている。

僕に合わせた治療というのは、僕が〝生きるための治療〟であると関先生は言う。患者をただ生かすだけなら、今はいろんな抗癌剤があり、特に肺癌は、京都大学の本庶佑《ほんじょたすく》氏がノーベル医学・生理学賞を受賞したことをきっかけに脚光を浴びたオプジーボをはじめ、それこそ多種多様な薬があるそうで、演奏家の手によって患者を生かすことはできるそうだ。しかし、作曲家である関先生は「監督がやりたいことをやって、食べたいものを食べて、生きていることを喜んで、それを監督の家族やまわりの人、それからファンも喜んでくれるような生き方をして、監督が〝生きる〟ということなんです」と力説する。

僕が〝生きるための治療〟は、診察のたびに関先生が僕の具合を鑑《かんが》みて、次の音を決めていく作業となる。「ド」の音がうまくいって、次は「ファ」の音にしようと思っていたけれど、「ラ」の音のほうがより良い音楽になるかもしれない、といった感じで、関先生は音楽を紡いでいく。すなわち、治療法を選定していくのである。

関先生の音楽を聴き入った僕は、いかなる科学文明の時代になっても、医は仁術であると改めて実感した。というのも、医学の発展により、癌が不治の病ではなくなったのは確かなのだが、癌に効く薬を上手に使える作曲家タイプの医者が不足しているのが現実なのだそうだ。時折、若い人が癌で亡くなることがあるけれど、それは適切な薬を適切なタイミングで、適切な量を処方していないからなのだと関先生はおっしゃっていた。

楽天家には薬が効く！

大切な僕の盟友でアニメーション作家の高畑勲さんは、残念ながら医者と良い関係が築けず、手遅れになってしまったひとりである。高畑さんは『花筐／ＨＡＮＡＧＡＴＡＭＩ』の公開初日にお祝いの電話と花束を僕に贈ってくださった。そのときの電話の声がとても元気そうだったので、少し前に僕と同じ肺癌に罹患したとは聞いていたものの、治療がうまくいっているものだとばかり思っていたのだが、その翌日、僕の事務所に高畑さんの奥様から、「病院を変えたいから大林さんの通っている病院を紹介してほしい」と電話があった。高畑さんほどの方なら、きちんと通院して、しっかりと治療を受けているだろうと、僕は信じて疑わなかったのだが、奥様によると病院の治療方針が合わなかったそうで、高畑さんは病院での治療を拒否して自宅療養していたのだという。もちろん、僕はすぐさま関先生に連絡を取って、受け入れ態勢を整えてもらったのだが、そのとき高畑さんは「これをやらなければ死んでも死にきれない」という仕事を抱えていた。郷里のご友人と交わした講演の約束だった。結局、一カ月ほど入院が先送りになってしまい、高畑さんが仕事を終えて入院したときには、関先生にも手に負えない状態になっていて、二〇一八年四月に高畑さんは惜しまれつつ亡くなってしまった。患者と医者が信頼関係を築くには、患者が医者に従順になるだけではダメで、医者の言いなりにならずに、患者が発言することも大事なこと。それが、高畑さんからの最後のメッセージである。

　僕が信頼する関先生からは、こんな興味深い話を聞いた。それは関先生の一番弟子の太田修二先生がアメリカで行っているという研究についての話だ。何があっても楽天的な患者三百人と、何があっても悲観的にしか受け取れない患者三百人を、長年にわたって調査をしたら、楽天的な患者に圧倒的に薬が効くという結果が出たという。確かに、「この薬は絶対効くぞ！」と信じて飲む薬と、「この薬効くかはわからないな」と疑って飲む薬とでは、薬の効き方も違うだろうと僕は思う。関先生も「監督は楽天家だから薬がすこぶる効いた、いい例です」と言っていた。

僕が楽天家であるのは、性分であるわけだが、幼い頃から僕はマイナス思考になるということがなかった。それは戦争の影響がとても大きいのだと自己分析している。戦争が嫌でも、嫌と言えない少年期を過ごし、目の前にあるものは肯定的に受け入れて、受け入れたあとにどうするかを考えるという思考回路に自然となっていたのだ。

せっかく罹患したのだから治療を楽しむ

「どうでもよいことは流行に従い、重大なことは道徳に従い、芸術のことは自分に従う」と言ったのは、名監督の小津安二郎さんだ。僕が尊敬してやまない大先輩である。小津さんは「目の前にあるものは受け入れざるをえないじゃないか」というスタンスで、戦時中、軍の要請により戦意高揚映画を撮るために、日本が占領し、昭南島《しょうなんとう》と改称していたシンガポールに赴いた。しかし、小津さんは彼の地でワンカットもキャメラを回さずに日本に帰還した。芸術のことは自分に従い、キャメラを回さない道を小津さんは選んだのだ。

そんな小津さんが目の前にあった戦争を受け入れたように、僕も目の前にあった戦争を受け入れていた。そして、今は肺癌であることも受け入れている。肺癌のステージ4と診断された僕が「嬉しい」と感じたのも、戦争で死んでいたはずの命と思ってここまで生きてきたのだから、という諦観《ていかん》も関係していると思う。戦時中、大人たちは「国が負けたら自決するぞ！　子供たちは俺が殺すぞ！」と言っていた。ところが、大日本帝国が負けた途端、大人たちは誰も死なず、闇米《やみごめ》を担いで「平和だ！　平和だ！」と喜び勇んでいて、「僕は誰が殺してくれるの？」と聞いても、返ってきたのは「おまえらは勝手に生きろ」という捨てゼリフ。勝手に戦後を生きろと言われても、生き恥を晒《さら》すことはできないという思いがあるまま、ここまで生きてきたのが僕の正体で、僕は終戦と同時に一度死んで、生き直している状態なのである。

考えてみれば、映画も人生も予定通りに行ったことは一度もない。映画の撮影中、晴れるはずが雨に見舞われることなんてよくある。

そういえば一度、映画をつくっているときに運動会のシーンを撮ろうとして雨に降られたことがあった。しかし、雨だから運動会のシーンは撮らないでおこうと僕は考えず、実際に運動会の日に雨が降ることもあると発想を転換して、雨の中でも最高の運動会をやろうじゃないかと意気込んだ。

というのも、僕自身、雨の日の運動会の体験があった。僕が子供の頃は、お昼休みに家族皆が運動場でお弁当を広げて食べるというのが最高の楽しみだった。しかし、その日は雨のためにそれができず、家族は家に帰り、僕は校舎の軒下で身を潜《ひそ》めてお弁当を食べた。しかも、徒競走でいざ駆けだしたら、水たまりに足を取られてびりっけつ。どうにも最悪な運動会である。

ところが、家に帰ると、母親が何も言わずに風呂を立ててくれていた。風呂に入ったら、昼に食べられなかった最高のご馳走を母親が食卓に並べてくれて、家族そろってご飯を食べた。むしろ雨だったから、母親や家族とのつながりが印象に残ったのである。そのときの記憶が甦ってきて、「ああ、あのときの運動会を演出しよう」と、最高の雨の運動会シーンをつくりあげることができた。

雨が降って「ついてない」なんて思うなら、映画はつくれないのである。「雨なら晴れ以上に面白いことが起きそうだぞ。雨を活かしてどうやって晴れた日以上の面白いものをつくろうか」という逆転の発想が肝だ。

ゆえに、肺癌という大病の治療も、せっかく初めて罹患したのだから、と逆転の発想で楽しんでいる。すると、それが功を奏したのか、癌発覚前に患っていた糖尿病も、癌になって体重が十三キロ減ったことで悪化の心配がなくなったのだ。敗戦後、「平和だ！」と叫ぶ大人たちを見て、理不尽でわけのわからない世の中で育ってきた僕は、癌罹患によって、そのわけのわからなさの正体が見えてきたような気がして、そんな面白さにつながったことにも感心している。病気も人間も世の中も、戦争も平和も、実にわけのわからないことだらけだ。

そんな中で、肺癌を患った僕は、時々体内にいる癌細胞に語りかけている。

「おい、癌よ。おまえ馬鹿じゃないか？　おまえだって栄養分をしっかり摂って長生きするために、俺の筋肉を食ったり俺の血を吸ったりして生きているのだろうけれど、おまえが贅沢《ぜいたく》しすぎて俺を殺してしまったら、おまえも死ぬんだぜ。そこに気がつかないのか？　おまえが俺のことも少しいたわって、この血を少し宿主である俺に残してやろうとか、筋肉を食うのをここでやめようとか、少し我慢してくれれば、あと二十年や三十年、俺が生きている限り、おまえも生かしてやれるんだぜ。おまえも利口になれよな」といった具合だ。

癌闘病という豊かな体験

癌細胞に話しかけるうちに、僕はハッとした。僕は癌患者である前に、地球にとって人間が癌細胞なのではないかと気がついたのだ。おいしいものを食べたいという欲求がある人間は、人間以外のモノを貪り食って、食うことを娯楽にする。さらには、飛行機やロケットまで飛ばして、地球温暖化をおし進めているのである。人間がいなければ地球はかっときれいなはず。人間である僕も地球にとっての癌細胞なのだから、ここからは食べたいものをひとつ我慢するとか、ヨーロッパに飛行機で行くのを一回やめるとか、無駄をやめることで人類がもっと長く生きることを考えなければいけないのではないかという思いを、癌罹患によって抱くに至ったのだ。

人類が地球にとっての癌細胞だったと実感できたのは、非常に大きな僕のフィロソフィー（＝哲理）となった。そんな僕は、癌を罹患して以降、蚊一匹たりとも殺さずに生きている。蚊がとまったときには、この自然界にどれくらいいるかわからない一匹の蚊と僕が出会っている奇跡に感謝すら覚えるようになり、蚊にこう語りかけるようになった。

「俺は癌になったから俺の血がおまえの役に立つかわからないけれど、俺の血でよかったら腹いっぱい吸って行けよ」

蚊のみならず、蟻だって草だって八十歳を過ぎた僕だって同じ生き物。道を歩いていても、蟻一匹踏まないように気をつけているし、無駄に草も踏まないようになった。

人間は人間以外のありとあらゆる命を殺戮《さつりく》して生きている残酷な生き物だ。ただ人間は知的生物として、他者にやさしくすることはできる。僕は癌に罹《かか》ったことで、人間の傲慢《ごうまん》さを知り、表現者として間違いを犯しそうだったところをもう一遍《いっぺん》立ち返って、他者にやさしくする術を学ぶことができた。少年時代に道徳の時間で、「他者にやさしくしましょう」と習ったが、この年齢になって「やさしくするとはこういうことだったのか！」と腑《ふ》に落ちたのは、癌のおかげである。

癌に罹患して、僕の表現はより良い方向に、より平和な方向に向いていると感じている。表現者としては、単純に癌と闘病しているというわけではなく、豊かな体験をしているとさえ思う。明日のために癌が役に立っているのだ。

死んでいるヒマなどはない！

こんな僕の癌体験は、特殊なもので、ほかの人の参考にはならないのではないかと思い、他言するべきではないのではないかと、いっとき僕は控えていたことがあった。しかし、関先生に「仮に、監督の運が良かったとしても、特殊な例だとしてもいいので、ぜひともいっぱい話してほしい」と諭されたのをきっかけに、さまざまなところで語るようになった。というのも、癌に罹って必要以上に落ち込んで必要以上に病状を悪化させてしまう人が圧倒的に多いのだという。関先生は「監督が癌に悩んでくれないおかげで薬が効いてしまう」と笑い、「監督のように元気にやっていれば生き延びる人もいる」と真剣な表情で言う。まさに「病は気から」。その言葉を僕は体現しているというわけだ。

あとから聞けば、僕はこれまで、医学的にゾッとするような局面に至ったこともあったらしい。しかし、関先生がその都度治療をアレンジして、それがすべてうまくいっていたのだという。あるとき僕が、「こんなに治療がうまくいくってことはあるんですか？」と関先生に訊いたら、「私たちは百パーセント治療がうまくいくはずだと信じて患者さんと向き合っていますが、本当のことを言うとそんなことはないんですよ」という意外な答えが返ってきた。そして関先生はつけ加えた。

「楽天的な監督が百パーセント治ると思ったならば、それは三百パーセント治ると思っていいいんじゃないですか」

関先生に言わせれば、僕はツキを自分で引き寄せているのだそうだ。

僕の場合、癌であるということを忘れる映画製作という仕事があるのも良かったのだろうと思う。ほかにこれといってやることがない人は病気のことしか考えなくなってしまうのかもしれない。

「ほかにやることがないなら、映画に行ったらいいのよ！」と周囲に促したのは、妻の恭子さんだ。家族や友だちなど、誰かとしゃべっているだけでも気晴らしになるのかもしれないけれど、愚痴ばっかりになってしまうのは要注意。映画はいろいろなことを教えてくれる学校だ。癌のことを考えるヒマがあるなら、恭子さんの言うように映画館に行ったほうがよっぽど建設的である。

癌細胞が僕の体内にいることは事実。そこに〝老い〟も加わった今の僕は、予測がつかない自分を抱えて楽しんでいるという状態だ。例えば、あの場所まで走っていけば済むものが、老いた今は走れなくなっているわけだが、ほかの人ならそのことに苛立《いらだ》ちを覚えるのかもしれない。そこを、僕は「苛立ったってしようがない」と諦《あきら》めるのである。むしろ苛立つ時間があるなら、走れない事実を楽しんだらいいと思うのだ。すべては自分の問題である。走れない事実があっても、リハビリをすれば前日よりも半歩早く辿り着ける喜びを味わうことができるはずだ。

癌になったことを悲観して癌が消えるなら悲観するけれど、悲観したところで癌は消えないのだから、癌と一緒に生きるしかないのである。癌に罹っていなくても、外に出て車に撥《は》ねられて死んでしまうということだってあるわけで、癌にこだわっていても仕方ないし、ましてや癌を悪者にしてはいけない。今はふたりにひとりが癌になる時代といわれているのだから、癌に罹患して不幸というのなら、国民の半分が不幸ということになってしまう。どのみち人間はいつか死ぬのだから、「生きているうちは楽しく元気に生きようぜ！」と思えばいいのだ。

しかも、今は医学が進歩して、癌の痛みは抑えられるという。痛みを感じずに死ねるそうだ。関先生からは「安心して死んでください」とも言われている。

戦争で一度死んでいたはずの僕は、この世に未練などない。しかし、今は生きている限りはやることがあるだろうと思って、生きる意味をもう一遍問い直しているところである。

敬愛する黒澤明監督が望んだように、四百年くらい生きて、映画というものがどうなるのか見てみたいという思いもある。死んでいるヒマなどない、というのが今の正直な思いだ。

一所懸命なのがわかってもらえたら最高の幸せ

二〇一九年七月からは、一日一度の飲み薬から変わって、三週間に一度点滴を投与することで癌と共存している。この点滴がまた僕には都合がいい。それまでは薬を飲むたびに「そうだ、僕は癌患者なんだ」と意識しなければならなかったのだが、三週間に一度の点滴になったら、そのときだけ癌患者であるという自覚をするようになって、それ以外は癌に罹患していることを忘れることができるのだ。気持ちは薬を飲んでいたときよりもだいぶ楽になった。人間は〝日常〟の習慣の中を生きるものなのだと実感している。

関先生からは体内の毒素を排出させるためにも水を飲んでほしいとアドバイスされ、僕自身も水を飲むと体調が良い感じがするので飲むようにしていた。ところが、心臓の専門医からは水を飲むと肺に水が溜まるのであまり水分を摂《と》りすぎないよう忠告されてしまった。水が善にも悪にもなるという事態を受けて、僕は「今日は癌のために水を飲もう」「今日は心臓のために水は飲まないでおこう」と、様子をみて調整するようになった。

この経験から改めて、地球にとって人間が善にも悪にもなることを僕は学習した。飛行機のファーストクラスでアメリカに飛んだ人間は地球の環境を脅《おびや》かす悪人になる。一方、無農薬の野菜をつくり、それを食べる人間は地球の環境を守る善人になるのだ。

さまざまな経験をする中でつくりあげた『海辺の映画館―キネマの玉手箱』。作品の評価がすこぶる高いのは、癌のおかげもあってのことだと感じている。若い頃に僕がこしらえた作品を見た人は、映画の常識にとらわれない作品を製作する僕を「変なことをやっているヤツだな」と思う人が多く、僕は批判されてばかりだったのだけれど、年を取って癌になってからは「大林は癌になっても頑張っているなあ」と見てくれる人が多くなった。

そんなとき思い起こされたのは、歌手のサミー・デイビス・ジュニアの姿だった。晩年、咽頭癌《いんとうがん》を患って、歌をうたえなくなった彼を囲んで、仲間のフランク・シナトラたちがショーを行ったことがあった。そのショーの最後で、サミーはマイクに近づくと、出ない声をふり絞って、「僕は世界中の人に愛されたいのだけれど、それは無理だ。でも、世界の半分の人に愛されて、残り半分の人に、サミーは好きではないけれど、一所懸命やっているのはわかると言ってもらえれば最高に幸せだ」とスピーチした。

彼が活躍していた頃のアメリカは白人至上主義だった。ゆえに黒人の彼は、アメリカ国民の半数以上が自分を好《す》いていないことを承知の上でそう発言したのだ。

彼の言葉を聞いた僕は、弱者や少数派の意見を貴《とうと》ぶ民主主義をそこに見て、感銘を受けた。同時に、僕も世界の半分の人に愛されて、もう半分の人には「意見は違うけれど、大林が命がけで映画をつくって僕らのために正気を描こうとしているのはわかる」と言ってもらえたら嬉しいと思ったものだ。

癌を患って、その状況に近づきつつあることを感じている。

海外で僕の作品を愛してくださっている方が多いのも嬉しく思っている。

二〇〇七年、アメリカ・ロサンゼルスの〝シネファミリー〟という映画館がオープンした際、柿落《こけら》としの作品として選ばれたのは、僕の一九七七年の処女作『HOUSE ハウス』だった。オシャレ、ファンタ、ガリ、クンフー、マック、スウィート、メロディーという七人の美少女が、夏休みに田舎に住むオシャレなおばちゃまの屋敷を訪れるものの、ひとり、またひとりと少女たちが失踪していくという作品だ。オープン当日は〝シネファミリー〟正面のネオンサインに「Welcome! Nobuhiko Obayashi（歓迎！ 大林宣彦）」という文字が流れ、温かく迎えてもらった。小さなシアターには若いスタッフが十人ほどいて、彼らが上映する映画を選んでおり、『HOUSE ハウス』をセレクトしたのだという。中庭には、ガーデンパーティーができるレストランがあり、その日は『HOUSE ハウス』から着想を得た「ピアノを弾く指」のオブジェが飾ってあった。記念にもらってきた「ピアノを弾く指」のうちの一本は、今、我が家のオブジェとなっている。

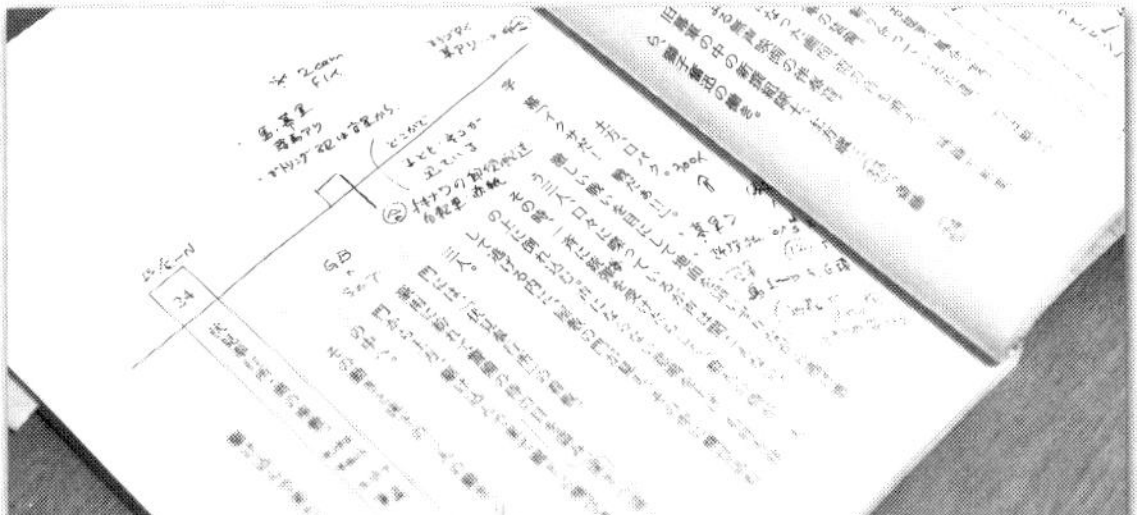

納得するまで書き込みが続けられた
「海辺の映画館―キネマの玉手箱」の撮影台本

（衛星劇場）

『カビリア』

ⓒマツダ映画社

原題：Cabiria
監督：ジョヴァンニ・パストローネ
原作：ガブリエーレ・ダンヌンツィオ
脚本：ジョヴァンニ・パストローネ
出演：ウンベルト・モッツァート　バルトロメオ・パガーノ　イタリア・アルミランテ・マンツィーニ　リディア・クァランテ　ジーナ・マランゴーニ
製作年：1914年
製作国：イタリア

イタリア貴族の原作者が贅を尽くした歴史劇

この作品がつくられたのは一九一四年。この頃のイタリア映画は金がありあまっている本物の貴族が趣味としてつくっていました。『カビリア』も贅《ぜい》を尽くした歴史劇です。この映画のことを調べていて気づいたのですが、役者もスタッフも知っている名前が少ない。一九一四年といえば第一次世界大戦が始まった年。この作品限りでいなくなっている人が多いのは世界大戦のためだったのかもしれません。そんな中で唯一、名前が引っかかったのが、原作者のガブリエーレ・ダンヌンツィオ。僕らの先輩たちにはダンヌンツィオの評伝にしびれた人もいて、あの筒井康隆さんも「ダンヌンツィオに夢中」という著書を出しています。

ダンヌンツィオは貴族中の貴族。才能があって十六歳の頃から小説を書いていた天才少年でした。権威主義で他人が意見を挟むことなど許さない。庶民を奴隷のごとく使って地位を守るという、ファシストでした。イタリアはやがてムッソリーニの時代になり、ムッソリーニはダンヌンツィオに敬意は表していたが、権力だけは譲りませんでした。ダンヌンツィオは権力を持っていたから文学者として認められていました。ムッソリーニによって権力を奪われたダンヌンツィオはやがて昔を回顧するものを書きながら去っていった。そして忘れ去られていった。

一九七六年にイタリアの名匠ルキノ・ヴィスコンティがつくった『イノセント』は彼の代表作で遺作になりました。『イノセント』の原作がダンヌンツィオの「罪なき者」だったんです。ダンヌンツィオがもっとも力を持っていた頃の作品が使われたことで、ダンヌンツィオの生涯も解きほぐされていくんですね。

特選クラシックシネマ ②

『担え銃』

原題：Shoulder Arms
監督：チャールズ・チャップリン
脚本：チャールズ・チャップリン
出演：チャールズ・チャップリン　エドナ・パーヴィアンス　シドニー・チャップリン　ヘンリー・バーグマン　アルバート・オースチン　ジャック・ウィルソン　トム・ウィルソン
製作年：1918年
製作国：アメリカ

Chaplin Films Copyright C Roy Export S.A.S.
All Rights Reserved. Phots C Roy Export S.A.S.

〔 未完成のチャップリンが見せた潜在能力 〕

『担え銃』の公開は一九一八年。百年ほど前の映画で、ちょうど第一次世界大戦が終わった年でした。ヨーロッパが戦場でしたから、アメリカは自由の天地でした。何よりも自由を愛したチャールズ・チャップリンの映画ですから、どんなうららかな楽しい映画になるんだろうと思っていたら、チャップリンは軍服を着た歩兵を演じて銃を担いでるんです。『担え銃』ですから、そうなるのですが、「銃」は「じゅう」ではなく「つつ」と読むんです。「じゅう」では日本人には生々しすぎる、「つつ」がチャップリンらしくていいだろうということのようです。

チャップリンといえば、シルクハットにモーニング、ドタ靴というのを僕らは連想してしまうのですが、彼がそういう姿で活躍した時期はそんなに長くないんです。この頃はまだ未完成のチャップリンで、この映画も出鱈目《でたらめ》。特別な仕かけがあるわけでもないし、自分に至芸があったわけでない。しかし、そこはチャップリン。彼自身も気づいてない潜在的な能力がこの映画でも発見できるし、意外と味わい深い作品に仕上がっています。歩兵になって銃を担いでみたけれど、チャップリンが伝えたいのは平和への思い。アメリカは戦争なんかに巻き込まれるなよ、アメリカは長閑だぞという思いが伝わってきます。

樹木に扮したりして実に珍妙なチャップリンが見られるのですが、珍妙とだけ見ていてはダメで、珍妙の中から機械文明を否定した『モダン・タイムス』や世界の権力者を皮肉った『独裁者』につながるチャップリンの人生が見えてくるし、これから先どうすればいいのか学べるのも、この映画の面白いところでした。

『プラーグの大学生』

ⓒマツダ映画社

原題：Der Student von Prag
監督：ヘンリック・ガレーン
原作：ハンス・ハインツ・エーヴェルス
脚本：ヘンリック・ガレーン
出演：アグネス・エステルハツィ　フリッツ・アルベルティ　フェルディナンド・フォン・アルテン　コンラート・ファイト　エリッツア・ラ・ポルタ
製作年：1926年
製作国：ドイツ

ドイツ表現派の極致にあるサイレントホラー

ドイツ映画は独特の美意識があって、僕はそれを表現派と呼んでました。ドイツ映画は特に民族的な感性が強調されているように思います。風景や建物はもちろん、人の心なるものまでに自分たちのフィロソフィーが主張されています。

題名は大学生たちが集まった青春映画みたいですが、まったく違いました。まるでホラー映画。ホラーといってもゾンビが出てくるような不気味なホラーではありません。当時のホラーは怪奇と幻想が主流でして、この作品は表現派の極致にあるホラーといえるでしょう。

すべての恋愛映画の原点はシェイクスピアの「ロメオとジュリエット」といわれていますが、ホラーにも原点となる作品があります。ゲーテの「ファウスト」です。悪魔と契約して魂を奪われてしまった男の物語です。『プラーグの大学生』も主人公の大学生が悪魔の企《たくら》みで身分の違う伯爵令嬢に恋をさせられて、彼女のために金持ちになることを望み、悪魔に自分の影を売ってしまう。影を取り戻すために主人公は自分の胸を銃で撃って死ぬ。死んだあとの彼はどうだったんでしょうか。自分で自分を殺すことで最後に自由を手に入れたのでしょうか。見終わったあと、そんなことをずっと考えさせられました。

非常に丁寧につくられたサイレント映画でした。活動弁士の澤登翠《さわとみどり》の語りも抑え気味で、想像力をかき立てられます。伝説の話ですから余計な説明は不要なんですね。ムーディーな音楽もつくのですが、その音楽がスパッと途切れる演出も見事です。サイレントとトーキーが渾然《こんぜん》と合わさったような作品でした。

『血煙荒神山』

監督：辻吉郎
脚本：松本常男
出演：大河内傳次郎　梅村蓉子　酒井米子　高木永二　尾上桃華　中村東十郎　中山介二郎　大倉多一郎　市川左雁次　高松文雄　阪本清之助　藤野龍太郎　瀬川銀潮　久米譲　寺島貢　中村仙之助　浅香新八郎　高勢實
製作年：1929 年
製作国：日本

ⓒマツダ映画社

感情の浄化につながる戦前の“反戦”時代劇

『血煙荒神山《ちけむりこうじんやま》』という題名ですから首や腕が飛ぶチャンチャンバラバラの映画を想像してしまうのですが、ところがどっこい、残酷なシーンはありません。映画は一般大衆が見るものですから、そういう配慮がなされているんですね。どんなに人を斬っても血一滴も飛びません。主役の大河内傳次郎《おおこうちでんじろう》はいわゆる二枚目とは違って、異様な風体をしています。大きな体、大きな顔、大きな目玉が特徴の不思議な人です。その人がバッサバッサと人を斬るのですが、血煙なんか出やしません。傳次郎のラップダンスを踊っているような殺陣に見入ってしまいます。

資料によると八十分ある映画だったので、僕は心の準備をして、この映画に臨んだのですが、あっという間に終わってしまいました。現在残っているのはたったの十数分。しかし、われわれはマツダ映画社に感謝しなければいけない。日本は太平洋戦争であらゆる文化を失いました。映画もそのひとつ。映画のフィルムは燃やされ、血煙のように失《う》せました。そういう状況の中で、映画を愛したマツダ映画社の人たちが日本各地で、古い昔のネガを見つけ出してくれたのです。

傳次郎はこの映画で吉良の仁吉と清水次郎長の二役を力技で演じ分けています。仁吉も次郎長も義理のため、公平な社会をつくるための戦いに巻き込まれていきます。そこに〝反戦〟が滲み出てくるんですね。こういう映画を見た当時の人たちは、そこに潜むカタルシスを感じていたのではないでしょうか。どんな辛いことも涙をもって捉《とら》えれば、感情の浄化につながります。この映画は大変な反戦映画だと気づいたでしょう。

『ビリー・ザ・キッド』

（衛星劇場）

原題：Billy the Kid
監督：キング・ヴィダー
原作：ウォルター・ノーブル・バーンズ
脚本：ワンダ・タショック
出演：ジョン・マック・ブラウン　ウォーレス・ビアリー
ケイ・ジョンソン　カール・デーン　ウィンダム・スタンディング　ラッセル・シンプソン
製作年：1930 年
製作国：アメリカ

映画史の過渡期に撮影された西部の歴史劇

〝ビリー・ザ・キッド〟はこれまで何度か映画化されていて、僕なんかはロバート・テイラーがビリーを演じた『最後の無法者』が印象に残っているんですが、この『ビリー・ザ・キッド』は一九三〇年の作品。ちょうどサイレントからトーキーに移り始めた頃の映画で、僕は最初はサイレントかと思ったのですが、ちゃんとセリフをしゃべっているし、オーケストラの伴奏もついているトーキーでした。ただ、シナリオと演出はサイレント時代の系譜だなと感じました。話のつなぎのところに字幕で説明文が出るのはサイレント時代の名残といえるでしょう。見ていて奇妙だったのは、西部劇の最大の見せ場である〝早撃ち〟、ガントリックがないんです。ビリーは銃を抜くこともなく最初から二丁拳銃を構えている。指を動かせば勝負がつくという、そんなシナリオになっているんです。一九三〇年当時は、西部劇の技であるガントリックがまだ発明されていなかったんですね。

この映画の魅力は決闘シーンではなくて、むしろ西部開拓民の暮らしぶり、そこでのルール、町づくりの様子がドキュメンタリーのように撮られていることにあります。これは西部劇というより一種の歴史劇。その歴史劇がサイレントからトーキーに移る映画の進化の中で表現されたという不思議な映画なんです。

ビリー役のジョン・マック・ブラウン。いい男でした。でも、西部劇好きの僕なのに名前も知りませんでした。あらためて見ると、かのゲイリー・クーパーにそっくり。声まで似てました。サイレントからトーキーに移行する時代は、演技力よりも、顔がいいということが大事だったんでしょうね。

虚実の章——自主映画の作家として

「現代の情報装置は、みんな他人ごとじゃが、
映画は誰にとっても自分ごとになる。
ウソとホント、虚実の狭間から、
マコトが炙り出されてくる」

『海辺の映画館—キネマの玉手箱』シナリオより

のらくろと丹下左膳のコラボレーション

僕の古里は広島県尾道市。父親は外科医で、親族はほぼ全員医者という家に生まれた。大林家に生まれた子供は、男の子なら医者、女の子なら医者の妻になるのが不文律《ふぶんりつ》で、僕の場合は産婦人科医になることまで決まっていた。

しかし、少年時代に、家の蔵で出合ったあるものがきっかけで僕は医者にはならず、映画の道を歩むこととなった。蔵で出合ったもの、それは〝じゃうききくぁんしゃ（蒸気機関車）〟の玩具《おもちゃ》である。尾道は、千光寺山《せんこうじやま》・西國寺山《さいこくじやま》・浄土寺山《じょうどじやま》という尾道三山と尾道水道と呼ばれる瀬戸内海の間の斜面に多くの家が建てられ、僕の家も山の中腹にあった。山を下ると国鉄の〝じゃうききくぁんしゃ〟が走っていて、その玩具は〝じゃうききくぁんしゃ〟によく似ていた。それはのちに、家庭用の〝活動大写真機〟というものだとわかるのだが、その機械を横たわらせれば、レンズ部分が煙突で、本体が機関室、フィルムが線路に見立てることができ、可燃性のフィルムは石炭が燃える匂《にお》いと同じだった。ゆえに、僕は〝活動大写真機〟を〝じゃうききくぁんしゃ〟の玩具だと信じきっていたのである。

シュシュポポと〝きくぁんしゃ〟ごっこをするために、まず僕は〝じゃうききくぁんしゃ〟を庭に持ち出した。煙突（レンズ）を立てて、燃料（フィルム）を十コマずつ鋏《はさみ》で切って機関室（本体）に入れると、太陽の光が煙突から入って、蒸気機関車の石炭が燃えるように、機関室の中に入れた燃料が燃えた。

ところが、そうやって遊ぶうちに僕は、「どうもこれは〝じゃうききくぁんしゃ〟の玩具ではない」と勘づいた。いろいろこの機械を研究した末に行きついたのが、映画を映す〝活動大写真機〟だということ。しかし、〝活動大写真機〟が映画を映せる機械だとわかったはいいが、〝じゃうききくぁんしゃ〟として遊んでいた際にフィルムを十コマずつに切ってしまっていたので、映画を映したところで映像はものの数秒で終わってしまう。これはどうしたものか……考えた僕は、細切れになったフィルムを母親のところに持っていって、絹糸でフィルムをつなぎ合わせてもらった。

カタコン　カタコン　カタコン　ガタコン

カタコン　カタコン　カタコン　ガタコン

つないだフィルムを〝活動大写真機〟で回してみると、縫い合わせたところだけ音が変わり、縫い目を越すと登場人物がのらくろから冒険ダン吉に変わるという不思議な現象が起きた。のらくろも冒険ダン吉も当時発行されていた少年向けの雑誌「少年倶楽部」で連載されていた漫画のキャラクターである。そんなフィルムがいろいろと出鱈目《でたらめ》につながっていたので、一本の話の中で、のらくろが時代劇スターの丹下左膳と共演するなんて夢のようなコラボレーションもあった。

これに面白さを見い出した僕は、のらくろが手を出すカットと冒険ダン吉がひっくり返るカットをつなぎ合わせた。すると、のらくろが殴って冒険ダン吉がすっ転ぶという、実に愉快な映像ができあがった。そのうち遊びすぎてフィルムが摩耗《まもう》して画が消えてしまったりもした。そんなときは自ら絵をフィルムに描き入れてオリジナルのアニメーションをつくった。こうして『マヌケ先生』という作品ができあがった。八の字髭《ひげ》を生やした不思議な紳士が主人公のアニメーションで、この作品をもとにして、のちに三浦友和くんの主演で、テレビドラマと映画を製作している。

僕は試行錯誤の末に、誰に習うでもなく、自ら映画編集の方法を編《あ》み出したのである。

少年時代の僕はとにかく〝活動大写真機〟に夢中だった。一方で、将来医者になることは既定路線で、高校を卒業する段階でも産婦人科医になるものだと思っていたので東京の大学の医学部を受験した。

しかし、試験の途中で会場を退出。僕の足が向かった先は映画館だった。そこで上映していた映画を見てから尾道の家に帰った僕は、父に「試験は途中でやめてきたから医者にはならないよ」と告げた。そうしたら父が「医者にならないならどうするのか？」と訊《き》いてきたので、僕が「映画監督になる！」と答えると、父は僕にこう言った。

「おまえは自由だ。自由に好きなことをやれるのが平和なんだ」

医学博士になることをめざしていた父は、戦争が始まると軍医として戦地に赴いた。そのとき、家族に宛てた遺書にはこのように書いてあった。

「赤紙が届いて戦地に行ったのでは、敵の弾の標的になるだけだ。しかし、軍医として行けば仲間の命を救えるかもしれないし、ひょっとすると敵の命も救えるかもしれない。それが医学を志した私の主題だから、私は自ら戦争へ行く」

軍医少尉となった父は、終戦後に尾道に戻ってからは町医者となり、結局、医学博士にはなれなかった。自由を味わえなかった父は、戦争が終わったのだから自由にすればいいと、僕の決断を尊重してくれたのだ。

一方で父は、「医者になるなら助けてやれることもあるけれど、映画監督になるなら助けてやれることはない」と言い足した。そんな父に僕は、家の蔵の中にあった八ミリキャメラをもらい受けることを願い出た。
僕は八ミリキャメラを片手に上京し、成城大学の文芸学部に入学した。

フィルムアーティストの時代が来た！

僕は「映画監督になる！」と宣言して尾道の家を出たわけだが、当時、映画監督になるには、東大か京大を出て、大手映画製作会社の就職試験を受けて社員として採用されなければならなかった。しかし、僕が大学生のときはちょうど映画業界が斜陽に差しかかっていて、大手の映画会社はどこも新卒採用試験を実施していなかった。といっても、はなからそんなことをやるつもりのなかった僕からしてみたら、それはむしろラッキーでさえあった。僕は父からもらい受けた八ミリキャメラで生きてやろうと目論《もくろ》んでいたのだ。僕は、父が味わえなかった自由を父の代わりに味わい、戦争で怪我《けが》をしたり亡くなったりした人の代わりに生きようと思っていた。そのために僕は存在しているのだと思ったし、そのように生きなければならないのだと感じていた。

そんな生活を送っている中で、僕はロジェ・ヴァディム監督の吸血鬼映画『血とバラ』

に感化されて、十六ミリの自主映画『EMOTION＝伝説の午後・いつか見たドラキュラ』をつくりあげた。この頃の僕は八ミリや十六ミリの作品づくりに夢中になっていた。するといつの間にか僕のように八ミリや十六ミリを使って映画を製作している仲間ができた。そのうちのひとりが飯村隆彦。日本の実験映像のパイオニアといわれる人だ。さらにもうひとり。京都を舞台に暗闇の情念を見つめ続けた映画作家の高林陽一である。僕は彼らと一緒に、東京・新橋にあった内科画廊《ないかがろう》というところで、八ミリと十六ミリ映画の有料上映会を行った。どこの誰だかわからない若者がつくった八ミリと十六ミリ作品の上映会は、映画界では取るに足りないアマチュアたちのおふざけ程度にしか見られなかった。

一方で、美術界は僕らに大いに注目してくれた。「美術手帖」という雑誌で僕たちの上映会と作品が評価され、「新しいフィルムアーティストの時代が来た」と話題になったのだ。

映画監督よりも〝フィルムアーティスト〟のほうがよっぽど格好いいと僕は思ったのだが、まだ一九六〇年代のこと、横文字の職業がない時代である。〝フィルムアーティスト〟と名乗れないなら、小説を書く人が〝小説家〟なのだから、映画をつくる人は〝映画作家〟でよかろうと思い、二十歳の時に〝映画作家〟という肩書きで名刺をつくった。

〝映画監督〟は、松竹だとか東宝だとか大手映画製作会社専属の監督が名乗れる肩書きである。ゆえに、映画会社に入社したことのない僕は、これまで〝映画監督〟を名乗ったことは一度もなく、一応、日本映画監督協会には入っているけれども、職業はずっと〝映画作家〟だ。しかし、映画は〝映画監督〟だけがつくれるものという固定概念が世の中にはあり、〝映画作家〟である僕の作品は、批評家たちから「こんなものは映画ではない！」と酷評され続けた。当時の映画会社は会社それぞれのカラーがあって、どこの映画会社にも属していない僕の作品は、映画会社の型にはまっていないため〝映画〟として認定されなかったのだ。

ところが、あれから六十年が経つとどうだろう。映画会社専属の〝映画監督〟は、松竹の山田洋次さんくらいで、映画製作は個人作業が主流となり、映画作家だらけになっているのである。しかも、松竹専属で『男はつらいよ』シリーズなど数多くの名作を手がけた山田さんも、近年は松竹映画のファンが驚いてしまうような作品を撮り始めている。松竹映画なら、居間の戸を開けたら台所でなければいけないのに、〝台所の戸を開けたらそこは戦場だった〟という『母べえ』を山田さんは撮ってしまったのである。『母べえ』は二〇〇七年の作品で、山田さんは、昭和初期に慎ましく生きる家族の姿を通して、戦前の政治の愚かさを訴え、同じ過《あやま》ちを犯してはいけないという警鐘《けいしょう》を鳴らしている。

以前、山田さんは僕に「大林さんの映画は、登場人物が水に浮かんでセリフを言うんですね。僕には想像がつかない」と言ったことがある。

登場人物が水に浮かんでセリフを言うことに、僕はまったく違和感はないのだが、松竹映画ならば、水から上がって、体を拭いて、椅子に座って、それからセリフを言うのだとか。山田さんが松竹映画では考えられないようなものを撮り出したのは僕の影響だともっぱらの噂だ。

映画は究極の〝虚〟の芸術

そもそも映画は、戦争中に「こうやれば勝つぞ！」といったように必勝作戦を間違えることなく記録するための装置として誕生した。実際に起きていることを記録するメディアとして発明された映画の原点は、ドキュメンタリー作品である。映画が発明される前は、記録メディアとして写真が用いられていたのだが、映画の発明は、動かないはずの写真が動き出し、動くものは現実でしかありえないと思っていた世間を驚かせた。

しかし、その映画には音がなかったのである。現実と同じものが映っているのに音がないのは非現実的だと、ロシアの文豪フョードル・ドストエフスキーなどは言及しており、こんな妙なものが世にはびこるわけがない、廃《すた》れていくだろうというのが大方の予想だった。

ところが、その記録装置が故障したことで映画は発展していった。故障しなければ、音のない現実を映した映画は奇妙なものでしかなかっただろう。しかし、故障したらとんでもないことが起きたのである。その場にいたはずの人が突然いなくなったり、また突然現れたりしたのだ。

「これは失敗でも故障でもない。映画の才能だ。時間芸術だ」と気づいた人が、故障を逆《さか》手《て》に取り、演出を加えて映画をつくっていった。

それまで鑑賞品は、絵画や文学、写真といった空間芸術しかなく、時間芸術は音楽しかなかった。絵画や文学、写真は耳で聞いて味わうことができない芸術。音楽は目で見て味わうことができない芸術である。文学と写真が融合して映像となり、のちに音楽が加わって、映画という不思議で新しい時間芸術が生まれた。

十九世紀後半のアメリカ西部開拓期を題材とした西部劇は、映画の特性が活《い》かされているジャンルのひとつである。

西部劇で最初の劇映画といわれる一九七九年の『大列車強盗』には、今から考えると世紀の発明が見られる。一八五五年のクリミア戦争下のロンドンを舞台に、大英帝国の軍用金に目をつけた大悪党ピアース一味の大胆不敵な強奪計画を綿密に描いた『大列車強盗』は、人気作家のマイケル・クライトンが、自身の原作をもとに、ショーン・コネリーをはじめとする豪華キャストを配して映画化した犯罪アクションである。この作品では、引いた画の中にポンとクローズアップの画を入れて強調するという技術が用いられた。今ではアップのカットは当たり前なのだが、最初にクローズアップを見た人は違和感を覚えたという。人間は頭の上から足の先まであって人間なのだが、この作品は人物の首から上しか映らないカットが採用され、見る者を驚かせた。

考えてみれば、絵画はバストアップの人物が描かれた作品も存在し、それが許されている芸術である。だったら映画も許されるはず、ということで、映画は絵画に近づいていった。つまり、〝虚〟の性質が強くなっていったのだ。

文字だけで書かれた文学だって、〝虚〟の芸術そのものだ。聞くものがないのに思索だけが浮かび上がってくる文学は、想像力で読まなければならない〝虚〟の芸術である。見るものは何もないのに耳で聴いて感じて興奮する音楽も、〝虚〟の芸術のひとつ。

映画は、そんな絵画的要素、文学的要素、音楽的要素が混然一体となって表現された究極の〝虚〟の芸術となったのである。

記録装置の故障を利用すればタイムトリップもできるし、忍術映画もできるし、善が悪にもなるし、悪が善にもなる。そう考えた少数の表現者が芸術表現としてつくり始めた映画。彼らは映画によって、「善に見えて悪だぞ」「悪に見えて善だぞ」といった虚実の皮膜を、写真や文学、音楽以上に具体的に表現した。

映画とは本来そういうものであるのだが、昨今の日本国民は映画はリアルでなければいけないという感覚に侵されているらしい。映画には〝リアル〟が映っていると信じて映画を見ている人がほとんどではないかと思う。特にドキュメンタリー映画はリアルそのものを映していると思われがちだが、フレームがある時点でウソなのである。フレームの十センチ外側はキャメラが捉《とら》えておらず、スクリーンに映し出されていないわけで、そこにこそマコトがあるかもしれない。だからドキュメンタリー映画は〝リアル〟を映したものではない。

映画はウソから出たマコトを映す

「大林さん、舞台はいいですね。舞台はお客さんがみんなウソだと思って見ているんですが、映画は〝リアル〟だと思って見てしまうんですよね」と、僕に語りかけてきたのは、今は亡き相米《そうまい》慎二くん。薬師丸ひろ子主演の『セーラー服と機関銃』で成功を収めた映画監督だ。舞台は障子がひとつあれば居間でも旅館でも表現できるし、時代劇だって未来劇だって可能にする。舞台は自由な芸術なのである。そんな舞台を見に行くと、不思議と相米くんと顔を合わせることが多かった。相米くんは「映画は〝リアル〟に引きずられている分、不自由だ」と、会うたびに僕に嘆《なげ》いたものだ。

芸術とはウソをつくもの。〝リアル〟をそのまま表現したのでは芸術にならない。ウソであるがゆえに現実性を越えてマコトになるというのが、芸術の表現なのだ。

洋画の原題が邦題に訳されるときも、虚実の皮膜《ひまく》を巧みに利用しているケースが見られる。映画のタイトルは、つくり手のフィロソフィー（＝哲理）を端的に表現しているのだが、洋画が日本で公開されるとき、題名が直訳されることはまれで、わざわざ違う意味にとれるような日本語の題名に書き替えられることが多い。

例えば、僕がナビゲーターを務める映画番組「大林宣彦のいつか見た映画館」で紹介した『流血の谷』の原題は、「Devil's Doorway」。直訳すると「悪魔の出入り口」となる。翻訳によって原題と異なるタイトルに書き替えられると、つくり手の意図が見えにくくなるというデメリットはあるが、かといって原題を直訳したところで、外国と日本では文化と歴史が違うので、その意図は伝わってこないという問題に直面する。

一方で、日本は短歌や俳句に代表されるように、文字と文字の間に隠された心情を詠《よ》む文化がある。ずばりと本質を言わずに、ニュアンスによって意図を伝えることをよしとするのだ。日本にはそんな文化が根づいているものだから、海外の文化を日本に持ち込むときには、日本人の心に引っかかるような方便が必要になってくる。つまり、洋画の原題を邦題化するのは、〝文化を橋渡しするうえで必要な方便〟というわけだ。

映画は不思議なもので、騙《だま》されれば騙されるほどマコトが見えてきて面白さも発見できる。これも、映画が「虚実皮膜」、ウソとマコトの微妙な狭間《はざま》にあるからだ。つくり手も虚実皮膜でつくっているけれど、映画が見られるときには虚実の皮膜が倍加する。映画を見る僕たちは、つくり手とは違う翻弄《ほんろう》のされ方を体験して、それによってつくり手の狙いや意図が見えてくるのだ。ゆえに、邦題が原題と異なることによって騙されても、つくり手の伝えたかったマコトがしっかりと見えてくる。

しかし、昨今の製作者は「リアルにやっていれば間違いない」と思っている節がある。「〝虚〟をやることは冒険をしなければならない」と考えている人が多いようだ。

劇映画に至ってはウソも大ウソなのだから、きっちり仕組んだウソをキャメラに収めればいいわけである。僕の『花筐／HANAGATAMI』も、ウソを一所懸命映した作品で、〝リアル〟が映ってしまったらむしろ消したほどだ。

そんな『花筐／HANAGATAMI』をフランスのパリで上映したところ、現地の人たちは「全体が美しいウソなのだけれど、ウソだから見えてくるマコトがありますね」というコメントを寄せてくれた。さすが芸術を愛する国フランスであると感服したのだが、日本では公開後に「異常に不思議なものを見た」という反響が寄せられた。映画がリアルでなければいけないという感覚に侵されている日本の人たちは、映し出されたウソの向こうにマコトを見たから、「異常に不思議なものを見た」と表現したのだろう。

キャメラが捉える俳優の正体

『花筐／HANAGATAMI』の劇中に映し出された唐津の風景は、一枚の画に唐津の十カ所の場所を入れ込んでつくられたものだから、実在はしない。ウソの唐津をつくることによって、逆に唐津の真髄が見えてくることを狙ったのだ。

そんなウソの唐津を背景にして俳優の芝居を合成していったわけだが、俳優はというと、スタジオ内のグリーンバックの前で芝居をしてもらった。グリーンバックとは、映像のクロマキー合成のために用いられる緑色の背景のこと。グリーンバックで撮影しておけば、編集時にグリーンの部分に自由に映像をはめ込むことができる。これはVFXと呼ばれる技術で、撮影した映像にコンピューターで合成処理・加工を行い、現実にはありえない状況を画面内で表現することができるというものである。最近のハリウッド映画も、VFXによって合成・加工している作品が多い。

僕がなぜこのVFX技術を使っているのかというと、背後に風景があれば、俳優はその状景に頼った芝居をしてしまうからだ。俳優はきれいな風景が見えれば、なんとなくきれいな顔をしてしまう。ところが、すべてグリーンバックで、「ここはきれいなところなんだよ」と僕が言って聞かせて芝居をさせると、俳優はきれいな顔を一所懸命するので、かえっていい演技になるというからくりだ。

一方で、僕は俳優に対する細かい演技指導というものはしない。台本上のセリフは一言も歪《ゆが》めさせないけれど、芝居に関しては僕たちよりも俳優のほうが考えているので、俳優に任せている。僕がこしらえた台本にはセリフだけが書いてあって、セリフを言うときの心理描写は一切書いていない。そうすると、僕の思い描いていたものとは異なるセリフの言い回しが現場で生まれる。辛い気持ちでこのセリフを言うはずだと想像してセリフを書いた僕に対し、台本を読んで現場入りした俳優は「ここは楽しい気持ちだ」と解釈して楽しそうにセリフを発すると、かえって悲しさが滲《にじ》み出たりして、僕はにんまりとなる。

演技に関しても、セリフからインスピレーションを得た俳優に任せると、ほぼ一発で「はい、オッケー」となる。しかし、俳優は背景のないところで芝居をさせられているものだから、オッケーが出されても、映画ができあがるまで自分の芝居がどうなっているのかわからず、撮影時は不安そうな表情を浮かべる。完成した映画を見て「とんでもないことになっている！」と、俳優諸君が驚きと喜びの表情を見せるのが、僕の映画の試写会風景だ。

きっちり仕組んだウソの向こうにマコトが透《す》けて見えるのが映画。だから、俳優の正体が映し出されてしまう。いくらメイキャップをしても、いい服で着飾っても、繕《つくろ》えないのが目である。読んだ本や食べたもの、飲んだお酒、会った人、聞いた言葉、そういったすべてのことが俳優の目には表れ、映画のキャメラは映すのだ。

俳優の正体をキャメラで捉えたいから、僕は撮影現場に俳優をひとりで来させている。マネージャーの付き添いはお断りしているのである。マネージャーと一緒に現場にやってくる俳優は、一種の商品になってしまうからだ。

一九九一年に僕が製作した『ふたり』という作品は赤川次郎さんの同名小説を映画化したもので、千津子と実加という仲のいい姉妹が主人公。ある日、姉の千津子が事故で死んでしまう。ショックを受ける実加の前に、幽霊となった千津子が現れる。以来、千津子の励ましによって、実加はさまざまな苦境を乗り越えていくという物語である。

その『ふたり』に出演した増田惠子ちゃんは、北海道からやって来る祐子という女を演じた。惠子ちゃんは役づくりのために、北海道から土産を取り寄せて、それを新幹線の車内で食べながら尾道の撮影現場までやって来た。惠子ちゃんは祐子になりきろうとしたのだ。それなのに、現場に着いたところで彼女に付き添ってきたマネージャーが次の仕事の打ち合わせを始めようとした。すると彼女は、「今の私は北海道の女で、恋人に会うためにここに来てるのに、次の仕事なんてあるわけないでしょ！」と怒って、マネージャーと喧嘩《けんか》別れしてしまったのだ。北海道の女であるという精神状態で現場に来た惠子ちゃんは見事な演技を見せてくれた。マネージャーと次の仕事の相談をしていたら、映画の世界を離れた、安っぽい女優にしか映らなかっただろう。恐ろしいくらいマコトが映し出されてしまうのが映画なのだ。

映画に映る監督と俳優の信頼関係のカタチ

映画の監督ならば、俳優と会ったとき、「こんな人なんだろうな」と人を見抜く力は持っているのではないかと思う。映画の中で、監督は俳優と一緒に戦争に行ったり、結婚したりするわけである。人柄が良くなければ信頼関係は築けず、映画は失敗してしまう。

俳優の人柄を見抜くヒントは、その人の書いた文章やインタビューに答えている記事に隠れていたりする。

二〇一四年の『野のなななのか』から僕の映画の常連となった常盤貴子ちゃんは、二十年ほど前の「キネマ旬報」のインタビューで、これからどんな監督の作品に出たいかと聞かれて、「黒澤明さんと大林宣彦さん」と答えていた。僕からしたら黒澤さんは尊敬してやまない神様のような大先輩である。貴子ちゃんは、そんな黒澤さんと僕を並べたのだ。これは僕にとって嬉《うれ》しいショックだった。

　そんな貴子ちゃんと出会ったのは、二〇〇九年の新潟県長岡の花火大会の会場だった。彼女は、大河ドラマ『天地人』で長岡出身のお船《せん》という役を演じていた。僕は『この空の花　長岡花火物語』の撮影で長岡を訪れていて、そこで初めて対面した。彼女は僕を見つけると、「監督のファンなんです。私、ずっと大林映画に出たくて、ひとりで現場に行く練習をしていたんです。今日もマネージャーなしで、亭主とふたりです」と話しかけてきた。彼女の言葉を聞いた僕の奥さんの恭子プロデューサーは、「じゃあ、次の映画はあなたでやりましょう」と即決。『野のななのか』は常盤貴子主演となったのだ。

　以降、貴子ちゃんは僕の娘のような存在となっている。何かというと我が家に来て、飲んだり食べたり、掃除したり、庭の草むしりまでしてくれる。

　映画には監督と俳優の信頼関係のカタチが映されている。名作ならなおさらである。

　その極めつきは、小津安二郎監督と原節子さんの関係だ。小津さんは、たまたまキャスティングされた原さんと初めて出会ったとき、顔を真っ赤にしたという。顔を真っ赤にしたということは、この人に必要以上に恋をしてはいけないと、自制したということである。監督が出演者に本当に恋をしてしまうと、映画にならないのだけれども、惚《ほ》れなければ映画を撮ることはできない。

一方の原さんも、小津さんに恋をしていたがために、一生独身を貫き、小津さんの死と同時に女優を引退した。引退後の異常なまでの原さんの世間との断絶の仕方をみれば、小津さんと原さんが精神的に結婚をしていたということが見えてくる。

原さんへの恋心を映画のためにとっておいた小津さんは、自分を投影した役を笠智衆《りゅうちしゅう》さんに与えて、笠さんに自分の思いを表現してもらった。

笠さんはというと、恐れ多くも小津監督の分身として原さんに惚れるのだからと、小津監督の言われた通りに芝居をした。小津監督の言うことに、笠さんはなんでも「ハイ」と従ってきたのだという。

そんな笠さんが、一度だけ小津監督のリクエストを拒んだことがあった。娘の結婚や親の孤独を描いた映画『晩春』のラスト。リンゴの皮を剥《む》いていた父親役の笠さんが項垂《うなだ》れる静的な名場面で映画は幕を閉じる。実はこの場面、小津さんは笠さんに、身悶《みもだ》えしてひとりで号泣するよう、指示を出していた。その指示に従って、娘を嫁にやり部屋にひとりいた父親役の笠さんが突然ウワーッと泣いたら、小津さんの思いのすべてがその描写に表れたのだと思う。ところが笠さんは、小津さんの指示に「私のような不器用な俳優は、小津先生のする仕草《しぐさ》はできるけれど、小津先生の心までは演じられない」と抗《あらが》った。小津さんが原さんに本気で恋をしていることを知っていた笠さんは、「身悶えしてひとり泣くのは先生にお任せして、自分は身を引きます」と、小津さんの指示を拒んだのだ。そして、あの〝静〟の名場面が生まれた。

小津映画のファンとしては、あの場面で笠さんが、原さん演じる娘を思うばかりに泣き叫んだら、小津さんが本来持っていた〝動〟の心情が表れて、〝動の悲劇〟の名作になったのではないかとも思うし、それを見てみたかった。しかし、小津さんは戦争を体験したことで〝動〟の心を収め、〝静〟だけを表現することを決めていた。〝動〟を断念しているのである。ゆえに、小津さんは笠さんの拒否も受け入れたのだろう。

大島渚を嫉妬させた小津安二郎

リンゴは『晩春』の象徴的存在となった。そんなリンゴを、俳優の顔半分しか映していないカットで食い散らかすという暴挙に出た監督がいた。大島渚さんである。家族をテーマに映画を撮り続けた小津さんを、松竹の後輩だった大島さんは認めなかった。大島さんは「戦後日本に対してなぜもっとはっきりものを言わないんだ」と、小津さんの映画に憤《ふん》懣《まん》を抱いていたのだ。

そんな思いから、大島さんは一九六〇年の『青春残酷物語』の中で、映画史上大事なモチーフとなったリンゴを、川津裕介さんの顔を半分だけ映して、丸かじりさせるという反逆に出た。女子高生の真琴と、彼女が中年の男にホテルに連れ込まれそうになるのを助けた青年・清の激しい青春の物語を綴《つづ》った作品だ。真琴と清はやがて同棲を始めて美人局《つつもたせ》で稼ぐようになり、そんな中で真琴の妊娠が発覚、清は真琴に堕胎を強《し》いて、中絶した真琴のそばでリンゴを延々とかじり続ける。

大島さんをはじめとした松竹の若手の監督たちは、反権威の姿勢を持つ新しい映画をつくり出して松竹ヌーヴェルヴァーグ（新しい波）と呼ばれていた。彼らは、小津さんを越えて次世代のヒーローになろうとして、映画で戦後民主主義のありようを問うていたのだ。

一方で彼らは、小津さんにはとても敵《かな》わないという思いを持っていた。大島さんもそのひとり。大島さんの小津さんへの嫉妬が、『晩春』の象徴的存在であるリンゴを川津さんに丸かじりさせるという芝居に表れた。スクリーンで『青春残酷物語』を見た観客は、皆一様に「おお、小津を食っているな」と思ったものである。

大島さんたちを嫉妬させた小津さんが、戦後日本に対してものを言わず、家族をテーマとした映画を撮り続けたのは、戦争の体験から自分の人生が〝無〟であったと覚悟していたからだ。家族映画を通して小津さんは、戦争が終わって高度経済成長期を迎えた日本が果たして幸せな国になったのかという疑問を投げかけていた。せっかく平和になったのに、大家族が消えて、核家族になった戦後日本。それは戦争以上に日本の崩壊ではないのかと、小津さんは問いかけようとしていたのだ。家族が崩壊すれば、ひとつひとつの絆が崩壊し、社会が崩壊する。日本はとんでもない国になるぞ、戦争中と同じだぞ。小津さんは能天気《のうてんき》な日本に、映画を通して警告していた。

淀川長治に酷評されたスピルバーグ

ハリウッドを代表する映画監督のスティーヴン・スピルバーグは、『ジョーズ』や『E．T．』などのヒット作を手がけた名匠だが、映画という学校で長年先生を務めていらっしゃった映画評論家の淀川長治《よどがわながはる》さんは生前、彼を貶《けな》し続けた。第二次世界大戦を題材としたスピルバーグの『プライベート・ライアン』は、過酷な戦地での男たちの友情と生きざまを描いたヒューマニズムな作品と評価され、一九九八年度アカデミー賞最優秀監督賞をはじめ五部門を受賞した。しかし、平和をつくるための映画を紹介したいというモットーがあった淀川さんは、「冒頭の戦闘シーンがあまりにもリアルすぎる。リアルに撮ればいいというものではない」と、同作を批判した。「映画は常に夢を語るべきだ」という理由から、チャールズ・チャップリンを評価していた淀川さんは、CG（コンピューター・グラフィックス）などを使って人の首や足が飛んだりする画を映したスピルバーグを許さなかったのだ。

淀川さんにとって、スピルバーグはとてもかわいい、できの悪い学生だった。しかし、才能はありそうだから、いつかいい映画を撮るはずだからと、誰よりも先に見て、誰よりも先に貶していたのだ。「『まだだめよ』『まだだめよ』『あんただめよ』と言うために、スピルバーグの映画を誰よりも先に見ていたのよ」と淀川さんはおっしゃっていた。

一九九三年公開のスピルバーグの『シンドラーのリスト』は、第二次世界大戦下、千二百人のユダヤ人をナチスの虐殺から救った実在のドイツ人実業家の姿をドキュメンタリータッチで描いた作品。世界中から称賛されたが、淀川さんは「黒澤明さんを尊敬するのはいいけれど、黒澤さんから何も学んでいないわね」と彼を批判した。

淀川さんが糾弾《きゅうだん》したのは、全編モノクロの『シンドラーのリスト』の劇中、赤い服の少女を登場させるという、パートカラーの演出方法を用いたシーン。これは黒澤明監督の『天国と地獄』の一シーンを模倣《もほう》したものである。

標的ではない人物が間違って被害に遭《あ》う〝身代わり誘拐〟を題材にした、傑作サスペンスとして知られる『天国と地獄』は、興行的には成功を収めたが、この映画の公開以降、都内を中心に誘拐事件が多発したため、淀川さんは『天国と地獄』が黒澤さんの失敗作であると位置づけ、当の黒澤さんもしばらく映画をつくる意欲をなくした、いわば問題作なのである。その『天国と地獄』で、主人公の刑事がモノクロの背景の中、煙突から色のついた煙が上がるのを見て「天国と地獄だ」とつぶやいたシーンがある。その技法をスピルバーグは『シンドラーのリスト』で真似《まね》た。淀川さんは、「尊敬する黒澤さんが煙突からピンクの煙を出したから、モノクロの世界で赤い服を着た少女を出せば映画が栄《は》えると思っているところが、スピルバーグのまだだめなところね。スピルバーグはあの少女をただ歩かせただけ。演技をつけたほうがいいのよ」と酷評し、「アカデミー賞をとろうとする魂胆が見え見え。なんて貧相なの」と厳しく怒っていた。

映画は技術ではない。フィロソフィーが肝心なのだ。技術に走って、フィロソフィーを捨て置いては本末転倒《ほんまつてんとう》だ。

アカデミー賞を三度受賞し、世間的に名匠と呼ばれるスピルバーグでさえも、誰もが優れた監督と認めるわけではないのである。いかに優れた映画人の少ないことか。

山田洋次監督と一緒に胴上げしてあげたい是枝裕和

往年の優れた映画人の作品をしっかり見て学べば、自分の中にあるかもしれない才能を伸ばすことができるのも事実。最近は、才気あふれる若い映画作家たちの活躍が目覚ましい。二〇一八年にカンヌ国際映画祭で最高賞のパルム・ドールを受賞した『万引き家族』

の監督を務めた是枝裕和くんはその筆頭だ。

家族ぐるみで軽犯罪を重ねる一家の姿を通して、人と人とのつながりを描いた『万引き家族』は、泥棒とは対局にあるはずの幸せな家族を結びつけて描いた作品。家族映画といえば小津安二郎監督の真骨頂《しんこっちょう》で、小津さんは家族を描くことで戦争の後遺症を表現した。一方、是枝くんは、高度経済成長を遂げる日本で、家族が本当に幸せなのかを問い直した。日本人が手に入れたかに見えた幸せに疑問を呈したのだ。この作品は日本の家族をテーマとした話ではあるが、同じことはアメリカでも、ヨーロッパでも起こりうる。日本だから起きることではない。今、世界で必要としている問題を的確に捉えて、是枝くんは表現した。


その結果、是枝くんはパルム・ドールを手にしたわけだが、僕は昨今の日本映画界を代表して是枝くんがパルム・ドールに輝いたのだと思っている。日本映画は長いこと、外国映画に負い目を抱き続けてきた。日本人の肌の色が外国人のそれとは違うこと、そして日本が第二次世界大戦の敗戦国であるということ、このふたつが主な理由だ。

日本の映画人で世界の映画界に飛び出していった先駆者の黒澤明さんは生前、率先してアメリカのアカデミー賞やフランスのカンヌ国際映画祭など世界の映画祭を渡り歩いて、負い目からの脱却を図った。しかし、〝世界の黒澤〟と称される大先輩ですら、肌の色の違いと敗戦国日本の監督であるということにはコンプレックスを抱かざるをえなかった。それは、海の向こうで黒澤さんが〝ジャパニーズ・スマイル〟を見せていたことからもわかる。

〝ジャパニーズ・スマイル〟とは、コンプレックスの裏返しで日本人が外国人と目が合ったときについ見せてしまう、日本人特有の笑顔のことだ。海外に出かけていった黒澤さんは、外国人と目が合うと面白くもない場面であっても笑みをたたえ、まわりの外国人から「なんで黒澤はあんなにニコニコしているのか？」と訝《いぶか》しがられていた。それは日本人であることのコンプレックスから〝ジャパニーズ・スマイル〟が黒澤さんの身についていたという証拠だ。

黒澤さんに続いて海外進出を果たしたのは大島渚さんである。大島さんは、一九七八年に製作した『愛の亡霊』でカンヌ国際映画祭の監督賞を受賞したが、世界ではまだ「極東に住む日本人もやるじゃないか」と、上から見下されていた時代であった。海外の映画人から大島さんへの尊敬の念はなく、大島さんも日本人であることのコンプレックスにもがき苦しんでいた。

その点、是枝くんは日本人であるコンプレックスを取っ払って自分のフィロソフィーを映画で表現し、映画作家として言うべきことをしっかりと述べて世界の共感を得た。結果、作品がきちんと評価され、是枝くんは世界の映画人のひとりとして尊敬され、パルム・ドール受賞に行きついた。それは、フランス人をはじめとする欧米人が寿司やラーメンを食べるようになり、日本の文化にむしろ憧れさえも抱く時代になったという文化的背景も影響しているのだが、是枝くんは日本人としての過去のしがらみを吹っ切って、毅然とした誇りを抱きつつ、自分らしさを追求した。是枝くんは真のグローバルになったのだ。

グローバルになるということは、誰にも似ない自分になるということ。確固としたフィロソフィーを持つことである。

グローバルになった是枝くんの快挙を、僕は仲間として讃《たた》えるとともに、誇りに感じている。立派に育った息子を見ている親父の気分も味わっている。

「きみに任せたから頼むよ。爺《じい》さんも頑張るからな」

先日お会いした山田洋次さんとも、是枝くんの快挙を喜び合った。

「年老いた俺たちじゃ彼を胴上げできないけれど、胴上げしてあげたい気分だね」

是枝くんからは勇気と元気をもらった。

高畑勲監督と語り合いたかった『ビリー・ザ・キッド』

一八九五年にリュミエール兄弟が撮影・映写の複合機であるシネマトグラフを発明してから百二十余年。映画は時間的ジャーナリズムとしての役割も担うようになった。例えば『ビリー・ザ・キッド』という作品。アメリカ西部開拓時代、二十一人を殺し、二十一歳で殺された左利きの伝説的な早撃ちガンマンの生涯を描いた西部劇映画は、僕が知るだけで四本は製作されている。

もっとも有名なのは、徹底した暴力描写から〝ブラッディ・サム（血まみれのサム）〟ともいわれた、サム・ペキンパー監督による『ビリー・ザ・キッド／21才の生涯』だろう。数多くのバイオレンス映画を世に送り出してきたペキンパー監督の作品の中でももっとも美しく、意欲的なものといわれる。キッド役のクリス・クリストファーソンが好演を見せ、キッドの親友であり宿命のライバルであったパット・ギャレットを実力派のジェームズ・コバーンが演じた傑作西部劇で、決闘よりもふたりの友情論が胸を打つ作品となっている。

一九三〇年にキング・ヴィダー監督が手がけた『ビリー・ザ・キッド』には、西部劇の演出で一番の見せ場となる早撃ちのガントリック場面が見られない。まだ早撃ちという映画的虚実の演出が生まれる前の作品なのだ。ゆえに、ジョン・マック・ブラウンが演じたキッドは二丁拳銃を構え、敵に立ち向かう。しかも、この作品には善と悪がないのだ。殺された男は悪人だから殺されたわけではない。ただ、自分より強いヤツがいただけなのである。

ポール・ニューマンがキッドを演じた、一九五八年の『左きゝの拳銃』は、アーサー・ペン監督が伝説の英雄としてではなく、血気盛んで人間的なビリーの内面をリアルに描いた作品だった。

オーディ・マーフィは一九五〇年の『テキサスから来た男』という作品でキッドを演じている。この作品でオーディ演じるキッドは、なんとホルスターから銃を出さず、ホルスターごと敵に向けて弾を撃つという荒技を見せている。これは、第二次世界大戦でアメリカ陸軍の軍人として多くの勲章を受章したオーディならではの芸当。戦争を体験してきた人だからホルスターから銃を出さずに撃つという早撃ちの技が生まれたのだ。

このように、ビリー・ザ・キッドを題材とした映画を数本追うだけでも、戦争の歴史やハリウッドに集まった世界中の戦争被災者の歴史が見て取れる。映画ははからずも、渾然一体となったジャーナリズムとなったのである。しかし、つくり手たちは、ジャーナリズムの要素を意識して映画をつくったわけではない。潜在的に直感で描いたことが、無自覚な面白さとなって、長い年月が経ってジャーナリスティックに見えてくるのである。

僕がキング・ヴィダー監督の『ビリー・ザ・キッド』を鑑賞したのは、製作からおよそ九十年が経ってからだった。その際、思い出したのは、高畑勲さんのことだ。

高畑さんの映画には善人も悪人も登場しない。例えば高畑さんの遺作となった、二〇一三年の『かぐや姫の物語』。月の住人であった少女が、月での記憶を消して地球人として暮らすのだが、少女は戦争をしている地球が汚れていることを知りながら、地球へ行く。

そんなかぐや姫を見ていて、僕はまるで従軍キャメラマンのようだと思った。かぐや姫は戦争が悪だということを知っているのだけれど、善悪を越えて、人が殺し殺されているところを見たいという水平感覚を持っていた。従軍キャメラマンは、水平感覚を崩した途端に弾が当たって死んでしまうが、高畑さんは弾が当たらないように、水平感覚を保って地球の上も月の上も描こうとして『かぐや姫の物語』をつくったのである。

そんな作品を手がけた高畑さんが生前、僕に会うたびに言っていたのが、「今の世の中、善悪で判断できないところに来ているのではないか」という言葉。高畑さんは映画を通して、強い者が上に立つ世界に警鐘を鳴らしていたのだ。

二〇一五年、僕は「平和と民主主義を守り、戦争に反対し、ヒューマニズムの理念に徹した日本映画の業績」を表彰する〝日本映画復興賞〟を高畑さんとふたりで受賞した。そのとき僕は、高畑さんと「僕たちが迂闊《うかつ》だったから日本がこんな国になっちゃったね」という言葉を交わした。ちょうど集団的自衛権を行使できるようになる安全保障関連法（安保法）が成立した頃である。僕たちは人間そのものを考えなければいけなかったのに、戦争と平和を仕分けして考えていたことが迂闊だったのだ。

高畑さんなら、きっとキング・ヴィダーの『ビリー・ザ・キッド』のような、善悪のない、強いヤツが勝つ西部劇をつくったのではないかと思う。この作品について、高畑さんと語り合いたかったものだ。

小さなキャメラでは俳優はスターになれない

アメリカの歴史劇が西部劇なら、日本には時代劇があるわけだが、西部劇のガンアクションに歴史があったように、時代劇の刀捌《かたなさば》きも時代によって変化がみられる。一九六二年に黒澤明さんが『椿三十郎』を撮るまで、時代劇で血飛沫《ちしぶき》は見られなかったのではないかと記憶している。『椿三十郎』から時代劇は生々しい演出がなされ、アクション娯楽劇となったのだ。阪東妻三郎《ばんどうつまさぶろう》（バンツマ）も嵐寛壽郎《あらしかんじゅうろう》（アラカン）も殺陣《たて》の名人だったが、刀を振って血飛沫が飛ぶという場面はなかったように思う。

刀の振り方は、アラカンがスポーツマンのようにうまかった。アラカンの当たり役である鞍馬天狗は、子供心にとにかく殺陣が楽しかった。

一方のバンツマは声が甲高《かんだか》かったため、自分で声を潰《つぶ》して凄みを出したという逸話が残っている。人工的な不自然さが、映画の中では奇妙なリアリティーを生み出している。まさに映画の持つ、虚実の狭間の面白さが見て取れた。

そんなバンツマは、映画に途方もなく愛されたスターである。そして、バンツマの再来と言わしめたのが、〝裕ちゃん〟こと、昭和の名スター・石原裕次郎である。スチールキャメラマン出身の映画監督・斎藤耕一さんは、デビュー当時の裕ちゃんをキャメラで見たときに「バンツマがいる！」と叫んだそうだ。キャメラの中では奇跡が生まれる。裕ちゃんをキャメラで見たときに、斎藤さんの目に奇跡が起きたということなのだ。

日本でスターとして育てられた最後の人は岸惠子さんだろう。その昔、僕が監督を務めた『彼女が結婚しない理由』という作品に岸さんが出演してくださったとき、岸さんは言った。

「昔よく使っていたミッチェルという大きなキャメラの前にもう一遍《いっぺん》立ちたいわ」

キャメラが変われば、芝居も変わる。

「小さなキャメラで撮れば、それなりにしか映らないけれど、大きなキャメラで撮られると私も女優になれるのよ」

その言葉を聞いた僕は、ミッチェルのキャメラを借りてきて、巨大なキャメラの前に岸さんを立たせて「用意スタート!」と言ってあげたいと思ったものだ。

スマートフォン全盛期の現代だからといって、小さなキャメラで撮っていたら俳優はスターにはなれないのである。それが岸さんの言う「芝居が違うのよねぇ」ということなのだ。

正直で素直な原田知世は天性のスター

僕のつくる映画で欠かせない俳優が尾美としのりくんだ。尾美くんは、僕が言わずとも、勝ったときに負けた顔ができて、負けたときに勝った顔ができる表現力を持っている。僕のフィロソフィーにぴったりの俳優なのだ。尾美くんは一九八二年の『転校生』でヒロインの恋人役を演じてから僕の作品の常連となったが、しばらくすると僕から距離をおくようになった。『転校生』という作品の呪縛《じゅばく》。ほかの作品に出ても、尾美くんは〝転校生俳優〟と見做《みな》された。

その後、尾美くんは、二〇一二年の『この空の花　長岡花火物語』で僕の作品に戻ってきて、ヒロインの父を演じた。このとき尾美くんは、例えるならハリウッドの名優のウォルター・ブレナンの、歯があった頃から歯がなくなった頃のような変化を見せてくれた。『この空の花　長岡花火物語』からまた十年が経とうとしている。『海辺の映画館―キネマの玉手箱』に出演した尾美くんは、入れ歯になったウォルター・ブレナンのような味が出ている、とでも言っておこう。若いときに一緒にやって、年を経てまた一緒にやって、フレキシビリティーは深くなったけれど、壮年期になっても演技の変わらない尾美くんは、まさにスターである。

俳優のキャスティングは非常に難しい。僕の映画に主演するとなると、二カ月から三カ月は撮影にかかりっきりとなる。しかも、その映画が尾美くんのようにのちのちまで呪縛となって苦しむ場合もある。原田知世くんも『時をかける少女』の印象が強く、なかなか〝時かけの原田知世〟というレッテルから抜け出せずに苦しんでいた。ほかの作品に出ても、見る人は〝時かけの原田知世〟の幻影を求めようとしたのだ。

知世くんは、その人柄が演技に出る天性のスターである。目がその人柄を物語っており、人をひきつけるのだ。

少し前に知世くんのコンサートに行ったときのこと。知世くんはギターを弾き始めると、「あ、間違えちゃった」と言って、最初から弾き直したのである。これには僕も驚きを隠せなかった。というのも、プロの音楽家なら、間違えてもなんとか誤魔化して演奏をやめないはずだ。ところが正直で素直な知世くんは、間違えたことを認め、弾き直した。そんな素直さが、知世くんの芝居には出るのである。しかも本人の知らないところでその資質をキャメラが映し出すのだ。これこそ天性のスターといえよう。

しかし、そんな知世くんも四十歳を過ぎても〝時かけの原田知世〟がついて回り、苦しんでいた。〝時かけ〟について、「いい仕事をやらせてもらった」と言及できるようになったのは、五十歳になってからだ。

そういえば『異人たちとの夏』に出演した秋吉久美子くんのマネージャーは、キャスティングした際にこんなことを言ってきた。

「ひとつお願いがあります。良い映画ができたら褒《ほ》められるのは監督です。だから失敗作をつくってください。失敗作の中で、秋吉だけが良かったとなると、『よし今度は秋吉を使おう！』といろんなところから声がかかるんです」

なるほど、ものの道理である。僕の映画に出て映画が成功すると、すべて僕の手柄となる。いくら秋吉くんがいい演技をしても、僕の腕が良かったから秋吉くんがいい演技をしたと捉えられてしまうのである。しかし、映画が失敗して、秋吉くんだけが良かったとなれば、秋吉くんの市場価値が上がるのだ。映画と俳優の関係は矛盾の中にある。

映画がつくる虚構の中で僕たちが願うもの

映画がつくる虚構には、僕たちが一番願っている平和が描かれているから、観客は一所懸命に見る。他人ごとではなく、自分ごととして見るのだ。僕たちが幸せでいるための道筋を映画は示してくれる。映画が誕生して約百二十年が経って、映画とは何かが見えてきつつある。

そのことを、肌感覚でつかむ若い映画人が増えてきたのも嬉しいかぎり。

犬童一心くんは二〇一八年に同名漫画を原作とした『猫は抱くもの』を製作した。

元アイドルで今はスーパーで働くアラサーの沙織は、自分が思い描く理想の姿になれず、投げやりな毎日を送っていた。そんな彼女が唯一心を開いているのが、こっそりと飼っているロシアンブルーの猫・良男。沙織の心に寄り添う良男は、自分は猫ではなく沙織の人間の恋人で、彼女を守れるのは自分しかいないと思い込んでいる。

原作の漫画はタイトルの通り、「猫は人間が抱くもの」という物語が展開するのだが、映画になったら「猫を抱くものといっている場合ではない。人が抱かれるものなんだ」という犬童くんの見識が表れていた。沙織が猫の良男を飼っているのだが、沙織こそが猫だったということが見えてくる。犬童くんの映像文学の美学が表現されている大傑作である。

犬童くんのほかにも「こりゃ参った！」と思わず唸《うな》ってしまうような作品が、僕のもとにはＤＶＤで続々と送られてくる。ここ最近で感心したのは、いずれも沖縄が舞台の三作品。『土の人』は、軍事基地のある沖縄と韓国の済州島を舞台にストーリーが展開され、アメリカと東アジアの関係性や死者と現代を生きる者とのつながりを探るという作品。劇映画とドキュメンタリーを一緒にしたような映画である。監督の山城知佳子くんは、出身地である沖縄の歴史や政治、文化などをテーマに、写真や映像、パフォーマンスによる作品を発表してきたアマチュアの映画作家だ。

『クジラの島の忘れもの』は、夢を失くした女性と夢を追いかけるベトナム人の青年が、運命に導かれるように出会い、国境を越えて愛を貫く姿を描いたヒューマンラブストーリー。牧野裕二監督も沖縄出身で、これまでCM制作に携わってきて、この作品で長編デビューを飾った。

『返還公証人　いつか、沖縄を取り戻す』は、沖縄返還交渉の最前線にいた実在した外交官・千葉一夫の姿を通して、知られざる沖縄返還の裏の歴史を伝えた作品。井浦新くんが主役を務め、大杉漣ちゃんや尾美としのりくん、石橋蓮司ちゃんといった、僕の作品に出演経験のある役者も出演していた。

　この作品は、テレビ局のディレクターである柳川強《つよし》くんが手がけた。沖縄返還を求めた男の美談なのだが、結局、彼が沖縄返還を成しえたわけではない。沖縄返還に失敗したという現実と、彼がこういうことを望んでいたという理想の部分を虚構として見せた作品だ。アクションを成功させたヒーローではなく、その時代と戦ったというヒーローを描いたのだ。

これらは、まさに虚実を描いた作品なのである。〝虚〟をやるだけなら役者も楽だが、虚実をやるのだから役者は緊張する。その緊張感が普段の演技とはまったく違うものにしている。虚実の〝虚〟に傾きすぎると〝実〟に怒られてしまうからだ。

大林〝虚彦〟となって虚構を撮る

映画は想像力で見るものだと思っている。今日、スクリーンを前にすれば、否応《いやおう》なしに映し出されたカラーの画が目に飛び込んできて、音が聞こえてくる。しかし、それらは単なる情報でしかない。その情報の奥に、登場人物の心情が見えたり、聞こえていないはずの音が聞こえてきたりするのが映画というもの。

「大林宣彦のいつか見た映画館」では、遡《さかのぼ》ること百年ほど前の、映画の黎明《れいめい》期につくられた古き良きサイレント映画も紹介している。映画が活動写真と呼ばれ、モノクロかつサイレントだった時代。今も完璧な状態で残っている作品はそう多くないが、名作が多いのも事実である。

一九三〇年に牛原虚彦《うしはらきよひこ》監督が手がけた『若者よなぜ泣くか』がその代表だ。父親が再婚し、継母と反《そ》りの合わない末妹を連れて家を出た青年が、家庭問題や友人・恋愛・政治問題などと直面する青春映画で、鈴木傳明《でんめい》さんや田中絹代さん、小林十九二《とくじ》さん、岡田時彦《ときひこ》さんなどが出演している。

往時のサイレント映画は、公開時には活動弁士（活弁）がついたり、伴奏音楽がついたりして、まったくの無音で見るということはほとんどなかった。今の時代になって上映される際も活弁や音楽が添えられ、DVD化される際も、七割方、活弁や音楽が録音されているはずだ。

ところが、『若者よなぜ泣くか』はオールサイレントなのである。しかも上映時間は三時間。見る前にこの情報を目にした僕は、「不親切な映画だな」という印象を受けた。

しかし、見終わってみると、まったく音がいらなかったのである。目まぐるしく場面が展開して、あれよあれよという間に引き込まれていき、気がつけば三時間が過ぎていた。激しいアクションの渦巻の中からは心に引っかかる映像が句読点のように映し出され、やがて句読点と句読点がつながりを持って、そのつながりが生じるたびにドラマが紡《つむ》ぎ出されていった。そして、最後に行きついたのはひとつのフィロソフィー。音がないからこそ、毅然とした映画のフィロソフィーが見え、こちらも襟《えり》を正して受け取ることができた。

襟を正してというと堅苦しく感じるかもしれないが、もちろんエンターテインメント作品である。ハラハラドキドキワクワクしながら、その奥にある映画の佇まいを感じた。

初期の松竹蒲田撮影所で活躍した牛原虚彦監督は、第一次世界大戦と第二次世界大戦の間のいわゆる戦間期にアメリカに渡って、チャールズ・チャップリンの『サーカス』の撮影に立ち会う機会を得ている。掏摸《すり》と間違われて警察に追われていた放浪者が、小道具係としてサーカス団に入団し、愉快なキャラクターで一座の人気者になる一方、団長の娘に抱いた淡い恋心を描いた、チャップリンの芸術の神髄が表れた作品。虚彦監督は、この作品の製作助手を務めた。

帰国後、ハリウッドで学んだ斬新な演出手腕を発揮して大ヒットした、一九二六年の作品『受難華《じゅなんげ》』をはじめ、鈴木傳明さんを主演に『彼と東京』や『陸の王者』といった、モダンで明朗快活な青春映画を手がけた虚彦監督は、『若者よなぜ泣くか』を撮ってから松竹を退社したあとの一九三〇年末、映像と音声が同期されたトーキー映画研究のために今度はフランス、イギリス、アメリカへ渡った。そして、帰国後は明朗青春映画に欧米仕込みのモダニズム感覚を取り入れた、いわゆる〝蒲田モダニズム〟を先導。まさに往時の名監督のひとりである。

ところが、映画の新しい技術を海外で学んできたはずの虚彦監督は、トーキー映画が全盛期を迎えると突如《とつじょ》映画を撮らなくなった。虚彦監督の作家性に音は不要だった。音が入ると作品がかえって生きなかったのだ。

サイレント映画の傑作を見ると、映画に音は必要なのだろうかと考えさせられ、反省させられる。音がなくてもわかるものに音をつけても仕方ないのだ。しかし、現代は音を必要以上に使う映画が多い。そのほうが説明になってわかりやすいからだ。

映画は説明でも解説でもない。ひとつのカットのあとにどのカットを持ってくるかというデリケートな編集作業で作品を仕上げていく。その工程は音楽と同じだ。「ド」の音のあとに「ソ」を置けば明るいメジャーの旋律《せんりつ》になるけれど、「ド」のあとに「ファ」を持っていくとちょっと不安なメロディーになり、「ド」のあとに「ラ」が来ると悲劇が起きたかのような和音となる。編集の技術により映画は生まれてきたのであって、もちろん、音のないサイレント映画も、音を奏でる音楽と同じ技術で製作されている。その妙味もまた楽しい。

キャスティングも作曲と同様である。『若者よなぜ泣くか』には、鈴木傳明さんや小林十九二さん、田中絹代さんといった、のちに有名になる俳優ばかりが出演している。しかし、当時の鈴木さんたちはまだ無名で、その人の持っている資質だけでキャスティングされており、彼らが奏でるハーモニーがこの映画の楽しみのひとつだ。

『若者よなぜ泣くか』の中でも特に注目したいのは小林十九二さんである。主人公の恋人の兄役で、無垢《むく》な人柄なのだが、結果として大悪人に妹を売ってしまい、映画のタイトルにつながる悲劇を生む。しかし、そこで虚彦監督は凄腕を発揮する。最終的には「若者よ、泣かなくていいんだぞ、さあ笑おう」というハッピーエンドに辿り着くのだ。

この映画がつくられた戦間期は、世界恐慌の影響を受け、「娘の身売り」や「大学は出たけれど」の言葉で知られる昭和恐慌の時代だった。世知辛《せちがら》い世の中で、辛酸《しんさん》を舐《な》めていたのは若者だったのだが、虚彦監督は「若者よ笑おう」という〝虚〟を映すことで、真実を超えたマコトを表現した。映画という虚構を使って、人間の正気を見せたのだ。

『若者よなぜ泣くか』の原作は佐藤紅緑《こうろく》の大衆小説だが、三時間見終わるとサイレント映画であるのに「音楽的な芸術を鑑賞したな」というような感動に包まれ、「まだ見ていたい」とさえ思った。サイレント映画の面白さを突きつけられた作品だ。

同時に、虚彦監督が〝虚〟を撮ったように、僕も大林宣彦ではなく大林〝虚彦〟となって、現実とともに虚構を撮ればいいのだと確信した。

1940年頃に撮影した写真。
列車の玩具と無邪気に遊ぶ

『大学の若旦那』

（衛星劇場）

監督：清水宏
原作：源尊彦
脚本：荒田正男
出演：藤井貢　武田春郎　坪内美子　水久保澄子　坂本武　斎藤達雄　徳大寺伸　光川京子　若水絹子　大山健二　日守新一　山口勇　三井秀男　逢初夢子　吉川満子
製作年：1933 年
製作国：日本

「若大将」につながる戦前の「若旦那」

最初は思わず『大学の若大将』と誤読してしまったのだけど、あながち間違いでもなく、『大学の若旦那』の流れが、加山雄三さんの『大学の若大将』につながっていくんですね。現代の「若大将」のニュアンスと同じ意味で、戦前は「若旦那」が使われていました。当時は差別社会で雇用主と雇われ人の差が大きかった。軍国主義の社会では、財閥は社会的な地位も高かった。そんなところの若旦那ですから乳母日傘《おんばひがさ》でなんの苦労も知らない、人柄も良い。おまけにハンサムであるということで女性からモテ放題なんです。しかし、根っから心の中に根づいているワガママはどうにもならない。そこで、仲間たちが若旦那のワガママを諫《いさ》めてやりながら友情を保っていくという物語。これは、その後の高度経済成長期で、われらが〝寅さん〟が庶民の味方として登場し、隣家のタコ社長に向かって憎まれ口を叩いて、「労働者諸君！」とやることを彷彿《ほうふつ》とさせます。

「若大将」という自由な民主主義の中でのヒーローではなく、軍国主義の特権階級にいた「若旦那」は粋で明るいのですが、差別社会に疑問を呈する。しっかりと社会の真実をリアルに捉《とら》えようとする清水宏監督の意図が見えてきます。そんな清水監督は雇用主に嫌われて松竹を馘首《くび》になり、敗戦後は「蜂の巣映画」という独立プロをつくります。その清水監督が僕たちの世代を主人公に描いてくれた『蜂の巣の子供たち』という映画は、なんと、わが古里の尾道の僕の通っていた土堂小学校で撮影されました。そのシーンの中には当時、二年生だった僕が起立している姿が、よく探せば発見できるかもしれません。

『君と別れて』

監督：成瀬巳喜男
原作：成瀬巳喜男
脚本：成瀬巳喜男
出演：吉川満子　磯野秋雄　水久保澄子　河村黎吉　富士龍子　藤田陽子　突貫小僧　関口小太郎　若宮満　小藤田正一　新井淳　飯田蝶子　若水絹子　若水照子　藤田照子　光川京子　日守新一
製作年：1933年
製作国：日本

写真提供 / 松竹

時間芸術の名手だった「やるせなきお」

「生きることはやるせなきかな」と感慨に耽《ふけ》ることがありますが、「やるせなさ」は実に日本的な表現で、英訳すると意味は伝わるかもしれませんが、ニュアンスまでは伝わりません。そう、そういうニュアンスの人なんですよ、「やるせなきお」は。これは当時、映画愛好家がつけたニックネームで、本名は成瀬巳喜男《なるせみきお》さん。

与えられた仕事をきっちりこなす方で、この映画ではシナリオもご自身がお書きになっています。サイレント映画は断片を撮るものなんですが、その断片がほかの監督さんと違ってスッと流れるようにつながっているんです。これは成瀬さんの中に映画は時間芸術だという感覚があったからなんですね。だから、スムーズに流れて、「やるせなきお」というムーブが生まれたのだと思います。

成瀬さんは松竹の会長だった城戸四郎さんに「松竹に小津安二郎はふたりいらない」と言われて松竹を離れ、東宝に移ってしまいました。東宝では黒澤明さんが助監督につきました。あの豪胆な黒澤さんが成瀬さんの下についてどう思ったのでしょうね。実は黒澤さんが「あの人だけには敵《かな》わない」と尊敬していたのが成瀬さんだったのですね。それくらい時間芸術の名手であったんですね。

『君と別れて』は存在感のある、懐かしい俳優がたくさん出ています。飯田蝶子さん、吉川満子さん、水久保澄子さん、磯野秋雄さん……。吉川さんと水久保さんは宝塚歌劇団から松竹に来た人なんです。当時、宝塚から映画に移ってくる人は案外多かった。それくらい映画というのは新しい時代をつくるのに注目されていた表現方法だったのですね。

『魂を投げろ』

監督：田口哲
原作：飛田忠順
脚本：玉川映二
出演：伊澤一郎　中村英雄　名取功男　正邦乙彦　松本秀太郎　和歌浦小浪　原節子　田村芙紗子　東勇路　大島屯　黒田記代　星ひかる
製作年：1935 年
製作国：日本

あの涼やかな瞳の少女は……原節子さん？

「たましい」ではなく「たま」と読ませるんです。「たま」といえば野球しかないから、アメリカのサイレントの野球の話かと思っていたら、監督は田口哲《さとし》。戦争中から戦後にかけて活躍をされた名監督のひとりです。一九三四年にルー・ゲーリッグやベーブ・ルースが来日して、日本では野球がブームだったから、どんな野球のシーンが出てくるのかと思ったら、高校生と思《おぼ》しきふたりの少年が出てきて球を投げ合うだけ。少年たちの横にはセーラー服姿の少女がいて、木の橋の上で三人の想いが交錯していくんですね。それにしても少女というのは昔からセーラー服を着せればあどけなくて可愛い。でも、この少女はちょっと可愛すぎないか。あれ、あの涼やかな瞳の感じは……ひょっとして原節子さん？　そう、原節子さんなんです。十六歳の頃で、この映画は彼女のデビュー作といわれています。

この映画は後半の部分はフィルムが失われています。前半の二十六分しかありません。僕は二十六分間しかないのを知らず、その続きだと思って同じものを六回も繰り返して見ちゃいました。そうしてみると、こういう映画の見方も案外面白くて、今度そういう映画の上映会をやってみようかなんて思ったりしました。

戦争中は映画は消耗品で、上映されるとフィルムは捨てられてしまいました。『魂を投げろ』の後半部分もそうだったんでしょう。あどけない少女だった原節子さんは敗戦後、小津安二郎さんの〝心の恋人〟として、たくさんの名作を残していくという人生を送られました。今、考えると、この百二十年の映画の歴史の中にはいろいろなことがあったと、しみじみと感じ入ってしまいます。

特選クラシックシネマ ⑨

『暗黒の命令』

原題：Dark Command
監督：ラオール・ウォルシュ
原作：W・R・バーネット
脚本：ジャン・フォーチュン
出演：クレア・トレヴァー　ジョン・ウェイン　ウォルター・ピジョン　ロイ・ロジャース　ジョージ・“ギャビー”・ヘイズ　ポーター・ホール
製作年：1939年
製作国：アメリカ

〔西部劇スター「ジョン・ウェイン」誕生秘話〕

原題は「Dark Command(ダークコマンド)」。そのまま直訳して『暗黒の命令』で日本で公開されました。ジョン・ウェインというヒーローが出て「ダーク」というと非常に不思議な錯誤《さくご》に陥ります。スターとは清廉潔白《せいれんけっぱく》なもの。それが「ダーク」ですから、ジョン・ウェインがどんなことを演じるのだろうか、と。

ジョン・ウェインの出世作となったジョン・フォード監督の『駅馬車』は一九三九年の作品で、その年は『風と共に去りぬ』『オズの魔法使』といった傑作が生まれました。ジョン・ウェインが『駅馬車』に続いて出演した映画が『暗黒の命令』。ジョン・ウェインは演技派のヒーローとして、そこにいましたが、どこか青臭いB級スターの残滓《ざんし》も感じさせます。これはジョン・フォードとは違うラオール・ウォルシュ監督の撮り方のためだったからかもしれません。ラオール・ウォルシュは「俺が決めたことをちゃんとやればいい役者になれるけど、それができないところはおまえ（役者）の責任」と切り捨てちゃう職人監督でした。

ラオール・ウォルシュ監督は一九三〇年に『ビッグ・トレイル』という大作西部劇を製作したのですが、その主役に撮影所で見かけたマリオン・マイケル・モリソンを抜擢《ばってき》しました。しかし、その名前では西部劇スターとしては凛々《りり》しくないということで、「ジョン・ウェイン」と名づけたのです。映画史に名高い「ジョン・ウェイン」を生み出したのはラオール・ウォルシュだったんです。本来ならジョン・ウェインを使って撮り続けてもおかしくないのに、ふたりの作品は『ビッグ・トレイル』と『暗黒の命令』の二作だけ。とても不思議な映画史のエピソードです。

（衛星劇場）

『丘の静かなる男』

原題：The Shepherd of the Hills
監督：ヘンリー・ハサウェイ
原作：ハロルド・ベル・ライト
脚本：チュアート・アンソニー　グローヴァァー・ジョーンズ
出演：ジョン・ウェイン　ベティ・フィールルド　ハリー・ケリー　ボーラ・ボンディ　ジェームズ・バートン　サミュエル・S・ハインズ　マージョリー・メイン
製作年：1941 年
製作国：アメリカ

〔静かながら感情が揺り動かされる西部劇〕

一九三九年はハリウッド映画が大成熟を遂げて、それまでB級のお子様相手の娯楽映画だった西部劇をA級にのし上げようとジョン・フォード監督がつくったのが『駅馬車』。ジョン・ウェイン主演の作品です。原題は「Stagecoach」、〝炎の車〟という題名なんですが、わが日本の淀川長治さんが『駅馬車』とつけて、これが大ヒットしました。そのジョン・ウェインの二年後の主演作『丘の静かなる男』。ここでのジョン・ウェインはただのイケメンさんでした。いや、ただのイケメンというのは悪いことではないのですよ。ただのイケメンなんだけど、ちょっと上向きになって芝居をし出すと、急に変な顔になるんですよ。変な顔といってもハンサムなんですが、眉尻が下がってきて、クシャクシャとした顔になるんです。こんなヒーローがいるのか、と思ってしまうのですが、日本の阪東妻《ばんどうつま》三郎《さぶろう》もそうでしたが、たしかに下がり眉毛のヒーローさんというのもいたんですね。

西部劇といえばガンマンの勇猛果敢《ゆうもうかかん》な姿やガントリックと呼ばれる拳銃捌きが見どころですが、「丘の静かなる男」はそういうところがない不思議な雰囲気の西部劇です。原題は「The Shepherd of the Hills」。ドンパチのない静かな物語ということから、この原題がつけられたのでしょう。とはいえ、静かながら感情が揺り動かされ、一瞬たりとも飽きさせない迫力があります。監督はヘンリー・ハサウェイ。芸術映画から娯楽映画まで幅広く撮る監督で、ジョン・ウェイン主演作も多いです。ジョン・ウェインがほしくてほしくて仕方がなかったアカデミー主演男優賞を受賞した『勇気ある追跡』もヘンリー・ハサウェイの作品でした。

非戦の章——敗戦国の軍国少年として

「付和雷同！
戦争も平和もみんなそうだ」

『海辺の映画館—キネマの玉手箱』シナリオより

本当の勇気は敵と戦わないこと

　映画は虚構である。キャメラにフレームがある時点で、リアルな世界ではない。そのような虚構を、なぜ僕らがつくろうとしているのかといえば、リアルな世界では希望を抱けないからである。長生きしたいとか、喧嘩《けんか》しないで殺しあわないで仲良く生きたいといった願いを描く場所は、世界中どこを探しても現実の世界には存在しない。しかし、虚構の中なら許される。

　僕の『花筐／HANAGATAMI』は、現実とともにとびっきりの虚構を撮った作品である。出演俳優からしてそうだ。撮影当時三十六歳の窪塚俊介くんと四十二歳の長塚圭史くんが十七歳の若者を演じている。映画という虚構をつくろうとするなら、冒険をしなければならない。そこで僕は、俳優の実年齢が何歳であろうと十七歳の役をあてがうという冒険をしたわけだ。

「戦争がなかったら僕はここにいない」

『花筐／HANAGATAMI』の舞台挨拶でこんな告白をしたのは当時二十八歳で十七

歳の若者を演じた満島真之介くんだ。満島くんの祖父は、敗戦後に日本に進駐してきたアメリカ人である。彼は祖父に会ったことがない。祖母は祖父のことをひと言も語らぬまま亡くなったという。アメリカ人の血が混《ま》ざった日本人の満島くんは、戦争中の日本の若者の青春を演じるにあたって、自分のアイデンティティーや、いろんな世代の人たちがつないできた思いを考えながら撮影に臨み、役と真摯《しんし》に向き合っていた。アメリカ人の血が入った沖縄人の満島くんだからこそ、戦争で死ななければならない日本人の青春を表現できたのである。年齢を重視するあまり、実際に十八歳の俳優が出演していたら、『花筐／HANAGATAMI』はつくれなかったのだ。

『花筐／HANAGATAMI』をご覧になった方から「血が流れるシーンが印象的」という感想が寄せられた。それは、鮮血の赤色を印象づけるために施《ほどこ》した色彩の演出のせいもあるだろう。一方で、今の世の中、血が流れることは非日常で大事件であるという常識の影響も大きいのだと思う。

僕が子供だった戦時中は日常的に血が流れていた。しかも、親しい人の血である。さっきまで元気に笑っていた人の血が流れていたのだ。

今の日本は憲法で戦争を放棄しているので、日本人にとって戦争は遠くの国での出来事、所詮他人ごとなので、血が流れる場面を想像できないのだけれど、世界に目を向ければ、今も戦争は続いている。毎日どこかで血が流れているのだ。僕は、『花筐／HANAGATAMI』を通して、「あの人の血は、私の血なんだ」というセンシビリティーを持ってもらいたいと思っている。

というのも、日本人の血さえ流れなければいいというのでは真の平和は実現できないからだ。世界中で流れる血を自分のこととして受けとめなければ世界から戦争はなくならない。

戦時中、僕は「勇敢に敵と戦うのが勇気」と教えられて育った。しかし、本当の勇気は敵と戦わないこと。つまり、平和を手繰《たぐ》り寄せる精神のことだと知った。権力者は、戦争に勝つための勇気しか教えない。だから、僕たちのような映画作家が本当の勇気を示さなければいけないのだ。

「反戦」などとは言えないが、戦争は二度とごめんだ

僕が少数派の芸術である自主製作の映画にこだわっているのは、本当の勇気を示すため

である。商業映画は多数者側の映画だ。商業映画で戦争を描こうとすると、どうしても派手な戦闘シーンが盛り込まれた戦争アクションになり、戦意高揚映画となってしまう。映画人が映画で儲けようとしたら、せっかくの映画が武器になってしまうのだ。それをやってしまっては映画人失格なのである。

しかし、太古の昔のことを考えてみると、人間は狩猟から始まり、他者を攻撃することで生き延びてきたという事実がある。特に狩猟を担《にな》っていた男性はＤＮＡに攻撃能力が刻みこまれているのかもしれない。生きていくには強いオスでなければならないのである。それが自然界の摂理というもの。人間が起こす愚かな戦争も、自分が生き延びるための他者への攻撃と考えれば、それも当然のことなのかもしれない。

だが、人間は美しいもの、正しいことを信じて生きてきた生き物でもある。人間のそういう側面を映し出してきたのが映画なのだ。強さを誇示するためではなく、人間としての美学や正気を表現するために映画はある。

日本が世界に誇る黒澤明さんは「映画人はプラカードを担《かつ》いではいけない」とよくおっしゃっていた。この場合の〝プラカードを担ぐ〟とは、〝正義をかざす〟ということである。映画人が正義をかざしてしまったら、表現者ではなく運動家や政治家になってしまう。「自分の意見を伝えたいならプラカードを担ぐほうが手っ取り早い。だけど、俺は政治家や運動家以上に、平和を手繰り寄せるには、芸術表現のほうがいいと思うから、食えないけど芸術家になったんだよ」と言って笑った黒澤さんの顔は、今でも僕の脳裏に焼きついている。

しかし、悲しいかな、人間は間違いを犯してしまう生き物でもある。戦争や原子爆弾の製造、原子力発電所の建設は人類最大の過ちだ。兵器や原爆、原発を造る科学者が、科学的好奇心をどこまで我慢できるのか。それも勇気。

人間誰しも平和を好み、殺し合う戦争は避けたいと思っているはずである。だったら、戦争なんてすぐにでもやめられるはずなのだが、戦争をやめると経済が立ち行かないという現実問題がある。戦争を放棄しているはずの日本も、二〇一五年、それまで五十年近くにわたって堅持してきた武器輸出禁止を緩和した。大手の軍需産業メーカーは、静かに海中を進む攻撃型潜水艦や水陸両用の救難飛行艇、接近してきた敵を正確に狙うレーダーシステムなど、戦争に有益な商品を開発し、世界の軍事マーケットに売り込んでいる。

そんな世の中に、戦争を体験した軍国少年だった僕は、ご飯が食べられなくても、貧乏でも、戦争は二度と嫌だと提言できる。たとえ、経済のためには戦争が必要だということが頭でわかっていたとしても、「戦争は二度とごめんだ」と言う責務が僕にはある。

「清貧《せいひん》」とは、私欲を捨てて正しい行いをして貧しい生活を送ること。「清貧」は、今は死語になってしまったかもしれないが、昔の日本人は「清貧」に甘んじていた。清らかであるために貧しい生活を送っていたのだ。ところが今はどうだろう。日本は私欲を捨てられず、戦争に有益な商品を世界中に輸出する国になってしまった。「清貧」であろうとすれば、武器を売る必要はない。金儲けを企《たくら》めば、平和はやってこないのだ。

しかし、戦時中に軍国主義教育を受けていた少年の僕は、アメリカ人やイギリス人のことを「鬼畜米英《きちくべいえい》」と呼び、人間ではない悪いヤツらだと信じていたし、真珠湾に先制攻撃を仕かけた日本軍に歓喜したのも事実。日本は間違いなく加害者の国だった。加害者だった日本をもっとも純粋な気持ちで信奉《しんぽう》していたのが僕らの世代である。そんな僕らが今さら「反戦」などとは口が裂けても言えない。言う資格もないと思っている。

僕らは戦争の信奉者であったわけだが、「戦争は二度とごめんだ」とは言えるのである。八十歳を過ぎてここまで生きてきたからには、「戦争は嫌だという実感だけは伝えよう」というのが、いつの間にか僕のフィロソフィー（＝哲理）となった。

そのフィロソフィーは、同年代の高畑勲さんや山田洋次さんも持っている。高畑さんが手がけた『火垂るの墓』は決して反戦映画ではない。戦渦《せんか》の中、孤児となった幼い兄妹が精いっぱい生きた物語は、高畑さんが生きた時代を正直に描いただけである。

ところが、公開から数年経って『火垂るの墓』が糾弾《きゅうだん》されていると聞いた。兄の愚かさが妹を殺したのだという声が上がっているのだとか。それに対して高畑さんは、それはその通りだと認めていた。「戦争さえなければ死ななかった子供が、戦争があったために、自分の自由を守るためには妹も犠牲にしなければならなかった。義母の仕打ちを我慢しながら生きるよりは、義母の仕打ちから自由になって、餓死してもそのほうが幸せとだと考えたのだから、それは反戦映画ではない。自分自身のアイデンティティーを貫いた兄のエゴイスティックな話と受けとめられるようになったのは時代の流れかもしれない」と高畑さんはおっしゃっていたのだ。

昭和十年から十五年くらいに生まれた僕たちの世代は「戦争反対」を訴えたいけれど、反対できなかった。戦時中は子供であるがゆえに、お国のために戦うことが自分の生きる道だと信じて疑わなかったからだ。僕らよりももう少し上の世代の人ならば、「お国のために戦うぞ」とは言いながらもなんとかごまかして、戦争が終わるまで生き延びてやろうという知恵があったかもしれない。しかし、僕らの世代は純粋に日本が負けたら自分も死ぬものだと信じ込んでいた。加害者側の純粋な少年だったのだ。そんな僕たちがおめおめと生き延びて、しかも在日米軍にいまだに占領されている国の国民として生きているのである。在日米軍の軍人やその関係者が少女や婦女を暴行する事件や交通人身事故はいまだ頻《ひん》発《ぱつ》しているが、ほとんどのケースでアメリカに第一次裁判権があり、被疑者の身柄は日本側に渡されずにアメリカの法律で裁かれてしまう。そのような世の中にあって、僕らが生きているのは間違っているのではないかと思ったこともたびたびある。一方で、映画作家として生きているなら何をすべきかを考えると、父親世代の断念と覚悟を引き受けて、それを贖罪《しょくざい》として生きていくしかないのである。

小津安二郎監督は、ローアングルの固定キャメラによる撮影法とゆったりとした時間の流れを感じさせる演出で知られている。画が動くことが楽しい映画をわざととめること、つまり〝フィックス〟（固定撮影）することで、戦争を経験した小津さんは断念と覚悟を表していた。自分がやりたいことを我慢して抑えたうえで、表れでたものが自分の作品になっていったのである。

平和な世の中をつくるために映画はある

僕は医者である父から「医者が世の中からいなくなることを望んで医学がある。世の中の人が健康だったら医者はいらない。医者がいらない世の中をつくるために医者はいる」と教わった。そして映画からは「平和な世の中をつくるために映画はある。世の中が平和なら映画はいらない」ということを教わった。映画は、人の世の鏡。過去に人間が犯した間違いを記録している。その間違いを見つめて、「こんな間違いを繰り返さないようにしよう」と思わせてくれるのが映画なのである。世の中が平和ではなくて、放っておいたら戦争になりそうだから、せめて映画をつくることで、馬鹿な目に遭《あ》わないようにする賢さを身に着けていこう。これが、映画をつくってきた先輩たちが歩んできた道なのだ。八十歳を過ぎた僕が、いまだに映画をつくらなければならないのは、いい時代ではないということである。

晩年、黒澤明先輩は僕に言った。

「つくりたい映画の三十本くらいはいつでもあったんだよ。シナリオだってすぐ書けた。

でもね、何をやるかを俺には決められなかった。上のほうの人が『これをやれよ』と決めていたんだ」

そんな黒澤さんが所属していた東宝をお辞めになり、独立後に黒澤プロダクションを設立して映画の題材に選んだのは原爆や戦争の問題である。「会社制度からは離れて、僕はアマチュアになったから、これから正直に描きたいことを描くよ」と語っていた黒澤さん。「国家や会社という制度に縛《しば》られて、表現の自由がなかったけれども、今や僕はアマチュアだから、僕が自由に表現したいことをやるんだ」という信念で、一九九一年に『八月の狂詩曲《ラプソディー》』をつくりあげた。一九四五年八月九日に長崎に投下された原子爆弾を真正面から取り上げた作品だ。

海の向こうのハリウッドも、戦後に製作された映画は、戦争の影がある作品ばかりである。てっきりハリウッド映画は太平洋戦争で勝ったアメリカの映画だと僕は信じていたのだが、「大林宣彦のいつか見た映画館」を通して見た戦後のハリウッド作品に、アメリカの勝利を描いたアメリカ映画はなかった。そのほとんどが第一次世界大戦と第二次世界大戦で敗れたユダヤの血を引く人たちの体験を描いた映画だった。

ヨーロッパに住んでいたユダヤ系の人たちは、国が敗れて、家族が虐殺され、権力者から逃れるように自由を求めてアメリカ大陸に渡った。しかし、行き着いたアメリカの東海岸からもユダヤ人たちは弾《はじ》き出された。そんな彼らはアメリカを横断してウエストコーストに辿《たど》り着く。そこに世界中のユダヤ系の人たちが集まってハリウッドという映画の都が誕生し、平和を描く夢の映画をつくろうということでハリウッド映画が製作された。

映画人に衝撃を与えた9・11の惨劇

二〇〇一年九月十一日にアメリカ合衆国で同時多発的に実行された、イスラム過激派テロ組織アルカイダによるアメリカ同時多発テロ事件（通称9・11）は、アメリカ映画を劇的に変えるきっかけとなった事件である。大人気の『スター・ウォーズ』シリーズの生みの親であるジョージ・ルーカスは、9・11を機に九作品を予定していた『スター・ウォーズ』シリーズを六作品で中断し、第二次世界大戦で戦ったアフリカ系アメリカ人のパイロットたちを描いた『レッド・テイルズ』の公開後に引退を示唆《しさ》。以降、まったく映画製作に関わらないということではないものの、近年は「自分のためにつくる映画で、おそらく数人の友人に見せる程度の作品しか撮ってない」と聞いている。

ハリウッドで製作される映画は、『スター・ウォーズ』シリーズをはじめ、荒唐無稽《こうとうむけい》な作品ばかりだった。スタンリー・キューブリック監督によるSF映画の金字塔ともいわれる『2001年宇宙の旅』もそのひとつだ。

舞台は四百万年前の人類創世記、謎の黒石板〝モノリス〟に接触したことで猿人はヒトへと劇的な進化を遂げ、宇宙開発をするまでに発達した。そして二〇〇一年、〝モノリス〟の謎を究明するため初の有人宇宙船で木星探査へと旅立ったのだが、宇宙船を制御するAI（人工知能）の「HAL　9000」が突如《とつじょ》反乱を起こす。死闘の末、生き残ったボーマン船長は〝モノリス〟に遭遇し、人間の知識を超越した領域へと到達するという物語だ。

難解を極めるストーリー展開や哲学的な内容は、公開当時、物議を醸し賛否両論に別れた。というのも、当時はAIが反乱を起こし、人間の知識を超越した領域へと到達するなどということは到底考えられず、まさかこの映画に描かれたことが現実に起ころうとは誰も予見できなかったのだ。

ところが、二十一世紀に入って、人間の力の及ばないところで機械が暴走を見せるということが実際に起きつつある。ジェームズ・キャメロン監督の『ターミネーター』のようなことが起きてもおかしくない、そんな時代に突入し、ハリウッドは科学技術の進化に怯《おび》えるようになった。そして、新しい戦争が起きてしまうのではないかという緊迫感に包まれた。

「自分たちが『スター・ウォーズ』のような交戦映画をつくったから、9・11のような惨劇を引き起こしてしまったのではないか」

そんな思いからルーカスはハリウッド大作映画の製作から手を引いたとも囁《ささや》かれている。自分たちがありえないことと想像して映画に描いてきたことが、現実に起こりつつあるということを恐れ、9・11以降、より真剣に慎重に映画をつくらなくてはいけないと、映画人は肌感覚で捉えるようになったのである。

かつて行われた戦争は国と国との戦争で、駆け引きもあり、騙《だま》し合いもあり、取り引きもあり、抑止力もあり、軍事同盟もあった。しかし、これからの時代は個人と個人の争いが主たるものになると見られている。個人同士の争いであれば抑止力も同盟もない。誰かひとりが武器のスイッチをひとつ押せば世界が終わることも考えられる。ゆえに、映画で人間の正気を描かなければならないと、映画人は思うようになった。正気とは戦争という狂気に相対するものである。

もちろん、これまでも人間の正気を描いてきた名作はたくさん存在する。

そのひとつが、黒澤明監督が手がけた『生きものの記録』。米ソの核軍備競争やビキニ環礁での第五福竜丸被爆《ひばく》事件などで加熱した反核世相に触発されて、原水爆の恐怖を真正面から取り上げた一九五五年の社会派作品である。

町工場を経営する財産家の中島喜一は突然、原水爆とその放射能に対して強い恐怖を抱くようになり、地球上で唯一安全と思われる南米ブラジルへの親類縁者全員の移住を計画する。しかし、あまりにも突拍子もないこの行動に対し、現実の生活が脅《おびや》かされると感じた家族は喜一を準禁治産者(心神耗弱者)として認めてもらうため裁判にかけるという物語。放射能の恐怖に怯えて経営する工場に火をつけて、ブラジルに家族で逃げようという、極めて正気の主人公が、誰にも理解されずに精神病院送りにされるという結末を迎える。名優・三船敏郎が主人公の中島役で出演しながらも、黒澤映画で初めて評判の悪い作品とされ、記録的な不入りで興行は失敗に終わった。

この映画で正気を描いた黒澤さんは、興行失敗の理由について「日本人が現実を直視できなかったからではないか」と分析した。しかし、黒澤さんはこの興行失敗にも下を向かず、原爆、戦争の問題に正直に胸を開いて、晩年まで映画と向き合っていった。

世界中に衝撃を与えた『ゴジラ』も、ビキニ環礁における水爆実験から生まれた映画である。東京を襲う怪獣ゴジラと人間との戦いを、迫力ある特殊撮影技術によって描き出し、特撮映画の金字塔となった本多猪四郎《いしろう》さんの作品である。ゴジラというキャラクターは日本に原爆を落としたアメリカにも輸出されて、アメリカ製のゴジラまで誕生するという、なんとも不可解な社会現象まで巻き起こしている。

ちなみに、本多さんは黒澤さんを畏友《いゆう》と呼び、黒澤さんは本多さんを「映画の忠実な使徒《しと》である」と表現した。

そんなふたりが終戦後の一九四九年にタッグを組んでつくったのが『野良犬』。拳銃を奪われた新米刑事が、その拳銃で殺人を続ける犯罪者を追いつめる過程を描いたもので、日本映画に刑事もののジャンルを確立した作品である。この映画で黒澤さんは、戦争から戻って来た本多さんを助監督に据え、終戦後の東京の混沌《こんとん》とした街を撮りまくることを指示。これによって、『野良犬』にはリアルな闇市《やみいち》の映像が加えられ、ほかの映画とは一線を画するリアリズムの傑作という評価を得たのである。『野良犬』はふたりの絆が生んだ名作といえよう。

寺山修司と立川談志の義憤と苦悩

「マッチ擦る　つかのま海に　霧ふかし　身捨つるほどの　祖国はありや」

この短歌を詠《よ》んだのは寺山修司。僕と同世代の歌人で劇作家である。「マッチに火を点けると、火に照らされて海に霧が深く立ち込めている情景が浮かび上がる。私が命を捧げて守るに値するほどの祖国はあるのか」という思いを込めた短歌だ。

戦時中に軍国少年だった寺山も、新しい平和をつくらねばならないということに好奇心を移して、生き延びるなら何かをやろうということで歌を詠み、芝居をやり、映画にも手を出し、テレビ番組のコメンテーターにもなった。

しかし、一九六〇年に日米安全保障条約が改定され、アメリカ軍の日本駐留を認める一方で、アメリカが日本への防衛義務を負わない内容になることに激しい反対運動が起きた、いわゆる安保闘争の際、寺山は「デモに行くヤツは豚だ！」と言い放ち、少し上の世代の人たちの反感を買った。

僕には寺山の気持ちがよくわかった。戦争中は戦争反対を訴えたら国賊として処罰されてしまうから、誰も戦争反対を訴えなかった。しかし、誰も命を奪わない平和な時代になったら、意趣返し《いしゅがえ》のように皆政府に反対した。六〇年当時に安保が成立するなら、なぜ戦争中に戦争反対を訴えなかったのかという思いが、「デモに行くヤツは豚だ！」という過激な言葉に表れてしまったのである。

その言葉を放った寺山は、以降、一生冤罪《えんざい》を背負っていった。冤罪にまみれた生き方を選んだのも寺山の覚悟だったのだろう。

夫婦の愛情を温かく描いた屈指の人情噺《にんじょうばなし》として知られる「芝浜《しばはま》」を十八番《おはこ》とした立川談志も僕と同世代で、軍国少年であったことに苦悩し続けた。生前、談志は僕に「昨日まで正義だと思っていたことが、一夜明けたら間違いだったと言われた俺たちは、何を信じていけばいいんだい？」と胸の内を吐露《とろ》したことがあった。そんな談志は、自分が知っていた「清貧」に甘んじた日本人はどこにもいないと嘆《なげ》き、ゆえに自分のイリュージョンとして、古典落語を一所懸命やっていた。

やがて、本名できちんと生きていこうと覚悟を決めた談志は、政治家になった。沖縄にシャベル一本持っていって、沖縄の土を掘って核弾頭のひとつでも掘り当て、「これが日本の正体だ、てめぇ！」と言ってやろうと息巻《いきま》いたのだ。しかし、談志は負けた国の政治家には何もできないことを沖縄で悟った。三木武夫内閣政権で沖縄開発政務次官に就任して実際に沖縄に行ったものの、シャベル一本持てなかった談志は、酒を飲んで酔っ払って暴言を吐き、政治家を馘首《くび》になった。後年、談志は僕に言った。

「大林さん、俺が敗戦後に俺として生きようとしたのはあのときだけだったんだぜ」

そして談志は、二時間くらいわんわんと僕にすがって泣いた。

「長いものに巻かれろ」という諺《ことわざ》がある。この諺は日本人の根底にずっと流れており、「長いものに巻かれるのは仕方ない」という諦《あきら》めがあるので、今の安倍晋三政権も長いこと支持率が落ちずにいた。反対を唱える人ははみだし者、反対意見がどんなに正しくても反対をしてしまったら浪人になってしまうのである。

第二次世界大戦後に、連合国が「戦争犯罪人」として指定した日本の指導者などを裁いた極東国際軍事裁判の裁判官の中には、連合国が行ったナチス・ドイツの戦争犯罪人を裁いたニュルンベルク裁判を担当した裁判官もいた。その際、裁判官は「こんなに難しい裁判はない」と述べたといわれている。というのも、ニュルンベルク裁判は、戦争中に悪事を働いた悪人を裁けばよかったのだが、極東国際軍事裁判の被告に悪人はいなかった。悪人がいないのに悪事を働いていたのだ。「長いものに巻かれろ」という精神が日本人に悪事を働かせたのである。

まさに「長いものに巻かれろ」という付和雷同《ふわらいどう》の精神こそが日本人の正体。長いものに巻かれてしまう日本人は、従順で、人が好《よ》い。他人が自分を殺《あや》めないと信じていて、殺められるとしたら国家や権力が殺めると思っている節がある。

この精神は遠い昔から引き継がれてきた。信長のため、秀吉のため、家康のため、天皇のため、軍国主義のために死ぬことは名誉なことですらあった。戦地へ赴く息子を抱きしめて泣いて送り出しながらも、お国のために死んでいくのは名誉なことだと、国民は飼いならされていた。そこが日本人の持っている危うさである。

一九二九年の映画『血煙荒神山』は、神田伯山《はくざん》の講談「次郎長外伝」をもとに、清水次郎長の兄弟分として幕末に活躍した、侠客《きょうかく》の吉良《きら》の仁吉《にきち》による有名な〝荒神山《こうじんやま》の喧嘩（血闘）〟を映画化したもの。時代劇の大スター・大河内傳次郎《おおこうちでんじろう》が主役の仁吉と清水次郎長の二役を演じ分けているのだが、この作品は太平洋戦争開戦より前につくられているにもかかわらず、「お国のために国民は殺されるだけなのか」ということを訴えている。敗戦を経験した僕らは、「お国のために国民は殺されるだけなのか」というメッセージがあっても当然のこととして受けとめられるが、敗戦を知らない人々がこの作品を見たときにどれだけ驚き、熱狂したことか。そして、庶民が口に出して言えば罪になるはずの「お国のために国民は殺されるだけなのか」という言葉を、映画なら訴えられるという勇気はいかほどのものだったか。さすが名優・大河内傳次郎と感心した。

敗者にも勝者にもある戦争の痛み

そんな『血煙荒神山』の製作から十年後に、悲劇の太平洋戦争が勃発するわけだが、今、世界の指導者を見ても、太平洋戦争を知らない人ばかりになってしまった。日本の安倍晋三首相はもちろん、アメリカのドナルド・トランプ大統領もロシアのウラジーミル・プーチン大統領も、皆、戦争のおぞましさを知らない。戦争の酷《ひど》さを知らないリーダーたちが国を治め、世界を動かしているのである。

なぜ彼らが、戦争の悲惨さを知らないかというと、きちんとその経緯が伝えられなかったからだ。日本においては、学校の歴史の授業は古代史から始まるが、近代を学ぶ頃には時間切れになって、子供たちは太平洋戦争について学ぶことができなかった。

ならば映画で戦争を学べばいいじゃないかと、新藤兼人監督は一九五二年、連合国軍最高司令官総司令部（ＧＨＱ）が廃止された年に『原爆の子』という映画をつくった。原爆の洗礼を受けた広島の子供たちが綴《つづ》った作文をもとに新藤監督が脚色した作品である。カンヌ国際映画祭に出品したところ、アメリカの対日感情を刺激することを怖れた外務省が、当時の西村熊雄駐仏大使に、主催者からの参加拒否の依頼、参加の場合も受賞は辞退とするように電報を送った。しかし、映画祭側が作品を受け付けたことから、『原爆の子』が上映されて「原爆許すまじ」という声が世界中で上がり、各国で大きな反響を呼んだ。

外務省の動きは、負けた国の日本が原爆の被害を伝えることで勝ったアメリカが世界から糾弾されることになってはいけないだろうと、自主規制に走ったゆえのもの。ＧＨＱが撤退した年ではあったが、日本が独立していないことが明らかになった出来事といえよう。

『原爆の子』と同年の一九五二年にアメリカでは『原爆下のアメリカ』という映画がつくられている。仮想敵国である当時のソ連の原爆を積んだ一千基の爆撃機が、まずトロントをやっつけて、ワシントン、サンフランシスコ、ニューヨークと、攻撃に向かっているという場面から始まる。爆撃機には原爆が積まれたはずなのだが、それは単なる巨大爆弾で、放射線被爆も何もないという展開を見せる。つまり、アメリカ人に原爆を落としても被爆することはないと洗脳するための映画だったのだ。

負けた国も勝った国も戦争の真実を教えられていない。原爆投下に関しては、アメリカ人の半分は正しい判断だったと思っているほどである。

映画は歪《ゆが》んだ真実を伝えるために使われてしまうこともあるのだ。

その一方で、ジョン・フォード監督は、戦時中の一九三九年に『駅馬車』のような戦意高揚西部劇をつくったものの、終戦後の一九四五年には、太平洋戦争における敗色濃厚なフィリピンにおける兵士たちの苦戦ぶりを描いた『コレヒドール戦記』を製作した。日本で公開されたのは検閲の関係で一九五四年となったのだが、当時、勝者のアメリカの戦争映画なのだから、どんなに勇ましい作品なのかと想像しながら見に行った僕は、敗色濃厚なフィリピンの前線でのアメリカ兵の苦闘ぶりが描かれていたことに衝撃を受けた。戦勝国のアメリカの巨匠で、軍人でもあったジョン・フォードは、戦後初めて手がけた作品に「自分たちは戦争の消耗品であった」というメッセージを込めたのである。

同じくジョン・フォード監督による『荒野の決闘』は、終戦後の一九四六年に製作された。検閲をクリアして日本で公開された際、その邦題からどんなに激しい決闘シーンが繰り広げられる映画かと、こちらも楽しみに映画館に行ったのだが、映画が始まると敗戦後の歌声喫茶で歌った「My Darling CLEMENTINE（いとしのクレメンタイン）」と同じメロディーが流れてきた。「これはアメリカの歌だったのか？」と驚いた僕は、「My Darling CLEMENTINE」という映画の原題が、邦題の『荒野の決闘』とは似ても似つかないイメージだったことに二度驚いた。砂塵《さじん》吹く荒野の町トゥームストンの保安官となったアープが、弟を殺した犯人を捜し、ならず者のクラントン一家と対決の時を迎えるという物語なのだが、当時の僕は「My Darling CLEMENTINE」の伸びやかな音楽にちょっと拍子抜けしてしまった。しかし、何度か見るうちに、「勝った国のアメリカですらもう戦いは嫌なんだ」という映画の意図が見えてきた。

二作とも、映画の聡明さを感じずにはいられない作品だ。太平洋戦争は、勝者にも敗者にも戦争による痛みをもたらしたことが見えてくる。

その終戦から約七十年後の二〇一五年九月十一日。「GHQが日本人の記憶から太平洋戦争を描き消そうとしていたことを証明する資料が見つかった」というニュース記事が、とある新聞に掲載された。

一九四六年、東京大空襲の被災者たちは亡くなった人たちを追悼する慰霊碑を建てようとしたのだが、当時、GHQの占領下にあった日本政府がGHQに慰霊碑建立《こんりゅう》のお伺いを立てたところ、返事は「ノー」。日本人が戦争を覚えている限り、勝った国のアメリカを憎み、占領政策もこれからの米日関係もうまくいかないだろうと考えたGHQは、日本人から早く戦争を忘れさせることが日本政府の務めであり、日本人が戦争を思い出すような追悼慰霊碑など建ててはならないと、当然のように却下したという記事だ。

しかし、この報道があったのはこの日一日だけ。このことは記憶に残ることもなく忘れ去られた。時は流れたが、アメリカ政府から在日アメリカ軍基地に新型輸送機オスプレイの配備を通告されたら「イエス・サー」と易々《やすやす》と応じてしまう日本は、今もなお、アメリカの顔色を伺っている状態といえよう。

世界平和に貢献するスポーツの精神

一九六四年に開催された東京オリンピックは戦後の日本の発展を世界にアピールした。半世紀以上の時を経て、ふたたび東京オリンピックが開催される。二年前の二〇一八年には平昌(ピョンチャン)で冬季五輪が行われた。北朝鮮が弾道ミサイルの発射を繰り返し、国際的緊張が高まる中で開催された平昌オリンピック。その直前には突如北朝鮮が韓国に南北会談を持ちかけ、対話姿勢へと舵《かじ》を切り、北朝鮮の選手は韓国選手とともに南北混成チームが組まれて競技に参加。オリンピックの開会式には北朝鮮の実質的な最高指導者である金正恩《キムジョンウン》の実妹・金与正《キムヨジョン》が参加した。

人類は弱肉強食で時に暴走してしまう。そんなとき、武力で闘争するのではなく、スポーツで勝ち負けを決めようという精神のもとにオリンピックが立ち上げられたのだと、僕は子供の頃に教わった。

平昌オリンピックの中継を見ていた際、世界で戦争を繰り広げられていることの馬鹿馬鹿しさを僕は痛感せずにはいられなかった。しかし、平和の祭典のはずのオリンピックが開催されている間も、戦争をしている地域はあった。人間とはなんと理不尽《りふじん》なものかと感じずにはいられない。

それにしても、スポーツはなんと公平な勝負であることか。スピードを競う競技ならタイムがその勝敗を決めるわけである。芸術要素もあるフィギュアスケートなど、システマティックに点数化できないスポーツもあるが、それでもジャンプやスケーティングなどの技に点数をつけることで、客観性をもって納得のいく順位をつけることができる。

オリンピックに出場するスポーツ選手を見ていて感じたのは、目が本気だということ。皆、役者も敵《かな》わないような眼差《まなざ》しで競技に挑んでいた。そんなスポーツ選手は、皆いい顔をしている人ばかりだ。二度目の東京オリンピックで、再びスポーツ選手たちの真剣な表情が見られるのかと思うと楽しみでならない。

一九六四年に開催された東京オリンピックは、市川崑監督によって公式記録映画『東京オリンピック』が製作された。注目すべきは、なし崩し的に選手がメインスタジアムに雪崩《なだ》れ込んだ閉会式。当初、各国の選手団は整列をして入場する予定だったのだが、閉会式が始まると、日本の協賛企業がワインを振る舞ったために酔っ払った選手たちが勝者敗者関係なく肩を組んで登場した。その様子を面白がって市川さんはキャメラを回し続け、現地を取材していたメディアが世界中に放送したものだから、自由な閉会式がその後のスタンダードになった。オリンピック関係者からすれば失態なのだろうが、その失態が名作を生み、自由で新しい風をオリンピックに吹き込んだのである。

オリンピック映画といえば、一九三六年に行われたベルリンオリンピックも『オリンピア』というタイトルで一九三八年にドイツで製作されている。監督はレニ・リーフェンシュタール。ナチス・ドイツの独裁者アドルフ・ヒトラーのお気に入りとされた女性監督である。〝ヒトラーのオリンピック〟ともいわれ、ナチスのプロパガンダおよび国威発揚の場と位置づけられたベルリンオリンピックは、十万人を収容する大規模なスタジアムが建設され、盛大に行われた。

そんなベルリンオリンピックを描いた『オリンピア』は、実に素晴らしい映画芸術作品に仕上がっている。さまざまな焦点距離のレンズを駆使し、効果音の使用や撮り直しにより、競技を美的に描き、見る者を圧倒した。その出来栄えは、ヒトラー嫌いで戦争嫌いを自認する黒澤明さんも称賛したほどである。

しかし、それはヒトラーが権力を持っていたから生まれた名作といえよう。ヒトラーは芸術に造詣《ぞうけい》が深く、特にクラシック音楽を語らせたらどんな批評家よりも詳しく語ることができたといわれている。表現者としても大変な実力の持ち主であったという噂だ。ヒトラーが映画監督になって作品を撮っていたら、名作が何本も生まれたに違いない。政治家になり、権力という魔力に取り憑《つ》かれたことが、彼の悲劇だった。

ヒトラーといえば、二〇一五年にドイツで刊行され、日本では「ヒトラーとドラッグ第三帝国における薬物依存」（須藤正美訳／白水社）として出版された歴史書が話題を呼んだ。著者はノーマン・オーラー。ベルリン在住の小説家である。

「ナチス・ドイツの独裁者ヒトラーは薬物に依存していた。ビタミン注射に始まり、鎮痛薬や覚醒剤。会議前に一本、気分がすぐれず一本……。第二次世界大戦で旧ソ連との戦闘が激しくなると、ほぼ毎日注射した。依存度が高まるにつれ手の震えもみられる。やがて統率力を失い、ナチスは内部崩壊した」

同書にはドイツ史の知られざる一面が書かれている。

考えてみれば、普通の人間があの場に立たされて、権力を持たされたら、正気では生きていけないだろう。普通の人間だったはずのヒトラーが、麻薬の力を使って、ハイ状態を保っていたというのも肯《うなず》ける。ナチス・ドイツがアウシュヴィッツをはじめとする強制収容所で行ったユダヤ人大虐殺など、正気の人間のできることではない。

ただし、これは小説家のひとつの説にすぎない。これが真実だと思うかどうかは、同書を読んだ人に委《ゆだ》ねられている。

平和をつくるには四百年かかる

ヒトラーが戦犯という認識は、世の中では一致していた。しかし、「ヒトラーは悪人ではなかった、単なる麻薬中毒者だった」となると、これまでの通説が一変して、この先の世界も変わりかねないのである。現状の世界を慮《おもんぱか》れば、「ヒトラーは極悪非道の犯罪を実行した悪いヤツ」としておいたほうが都合がいい。

アウシュヴィッツの大虐殺については、「私はホロコーストを見た」（吉田恒雄訳／白水社）という本の中で著者のヤン・カルスキが衝撃の証言をしている。

一九四二年七月、ナチス・ドイツは、占領下のワルシャワからトレブリンカの死の収容所へユダヤ人の集団移送を開始。その惨状を目の当たりにした外交官出身のヤン・カルスキはいくつもの偽名を使って、十一月末にロンドンに到着した。その後、ワシントンに送られたカルスキは、フランクリン・ルーズベルト大統領と一時間ほど大統領執務室で会談を行った。そのときには、ポーランドのユダヤ人たちの多くはすでに殺されていた。しかし、わずかに生き残った人々を救う時間はまだあった。カルスキはルーズベルト大統領に、生き残っている人々を助けてほしいと懇願した。それに対してルーズベルトは、「あと四、五年でアメリカが勝つ。そうなったら、ナチス・ドイツが悪事を働いていたという証拠が必要になる。最大規模の強制収容所であるアウシュヴィッツでの毒ガスを使った虐殺作戦についての情報は得ているが、都合のいい証拠になるから、そのまま捨て置け」と言い放ったという。

世にいうアウシュヴィッツの大虐殺は、アメリカという自由世界が行動を起こさなかった「第二の原罪」によって起きた悲劇だと、カルスキは訴えている。ルーズベルトが引き起こした悲劇、ともいえるのである。

戦争とは、誰が悪いという犯人捜しをしても仕方がないもの。皆、自国の正義のために戦っていたのだ。

アメリカの第三十三代大統領ハリー・S・トルーマンが原子爆弾を長崎と広島に落とすよう指示したのも、悲しいことに自国の正義のためである。

トルーマン個人としては原爆に反対していたといわれている。しかし、原爆を落とさずに戦争が終わると、原爆開発費が無駄遣いとされ、原爆の力もアメリカの国力も世界に示せず、トルーマンが糾弾されてしまう。ゆえに、トルーマンは原爆を長崎と広島に投下し、太平洋戦争を終結させたアメリカの英雄となったのだ。

トルーマン個人としての正義は原爆を落とさないことだったけれど、大統領としてのトルーマンの正義は原爆を落とすことだった。正義とは、都合のいいものである。

そんなトルーマンの孫は、近年、長崎と広島の被爆者と交流を続けている。クリフトン・トルーマン・ダニエル。アメリカ・シカゴ在住の著述家である。

彼は、長崎と広島の被爆者の体験をアメリカに伝える活動を続けている。それは祖父が命じた原爆投下が間違いだとして、それを正そうとしているわけではない。クリフトン・トルーマン・ダニエルは明言している。

「祖父は祖父の時代の正しいことをして、自分は自分の時代の正義をやるしかない」

太平洋戦争終結から七十余年。広島の被爆者たちは自ら、「自分たちは被害者ではない。日本軍が真珠湾攻撃を仕かけたから、広島に原爆が落とされたのだ」と語り始めた。被害者ではなく加害者になることの怖さを、敗戦から七十年が経ってようやく理解した彼らは、現代に戦前と同じ空気を感じ、また悲劇が繰り返されるのではないかという怯えから戦争や被爆の真相と向き合い始めたのだ。

戦争の体験は、誰もが思い出したくなかったものである。忘れたいほどに悲惨なものだったのだ。しかし、忘れることと知らないことは違う。自分が伝えなければ誰も戦争の怖さを訴えなくなる。そうなると、次世代の人々は日本に戦争はなかったと言い出してしまう恐れがある。その恐怖感に苛《さいな》まれるようになったのだ。

黒澤明さんは「戦争は明日にでも始まるけれど、平和をつくるには百年、いや四百年かかる」とおっしゃっていた。そんな黒澤さんは僕に遺言を託した。

「俺は四百年をかけて平和のためにに映画をつくっていきたいけれど、俺の人生は四百年ももたない。大林くん、俺の続きをやってくれ。君でダメなら君の息子や孫がやってくれ」

僕はもちろん黒澤さんのあとを継いで映画製作に励《はげ》んできた。そして、是枝裕和くんや犬童一心くんといった僕の息子世代たちも立派に映画製作に取り組んでいる。黒澤さんは、息子世代の僕と、孫世代の若い映画作家たちの活躍をニコニコと天国からご覧になっているることだろう。

戦意高揚映画であった『駅馬車』

黒澤さんの作品が、ハリウッドでリメイクされているのは有名な話である。七人の侍と村人たちが野武士と対決する『七人の侍』は、ならず者集団に収穫を奪われる村人たちが七人のガンマンを雇う『荒野の七人』に、やくざの二大勢力の縄張り争いにより、荒廃した小さな宿場町に流れて来た凄腕の浪人が、用心棒として雇われながらも、逆に両派を同士討ちさせようとする『用心棒』は、ふたつの無法者勢力が争い続ける町で、ふらりと現れた風来坊ガンマンが、互いの勢力をうまく騙しながら、それぞれを破滅へと追いやっていく『荒野の用心棒』に、それぞれ西部劇にリメイクされた。

黒澤さんご自身も西部劇をしばしばご覧になっていたそうだが、僕も西部劇ファン歴は長い。

僕が初めて見た西部劇はジョン・ウェイン主演の『拳銃の町』という作品だったと記憶している。一九四四年の製作だが、日本では敗戦から九カ月後、つまり一九四六年春に公開された。牧場の乗っ取りを企む悪人と闘うガンマンの活躍を描いた作品であるものの、雄々《おお》しいタイトルのわりに、ガンアクション全開の映画ではなく、利権争いで繰り広げられる裏工作や陰謀を主眼にしたミステリー要素を含んでいる。何しろ敗戦の九カ月後に日本で初めて公開された西部劇である。「殺し合いは日本人に見せてはいけない」というGHQの指導のもと、問題なしと烙印《らくいん》を押されて公開となった作品なのだ。

この作品を見た僕は当時八歳。西部劇というジャンルの劇映画など見たことがなかった僕は、主人公を演じるジョン・ウェインが腰にピストルを下げて歩いているのを見て、「だから『拳銃の町』というのかぁ」と思った覚えがある。早撃ちなどのガンプレイが完成される前の時代の西部劇だ。

その後、日本で公開された西部劇の多くは、「悪事を反省して拳銃を捨てていい人になろう」というメッセージの込められたものだったと思う。一九三九年の名作、大富豪の令嬢スカーレット・オハラが愛や戦争に翻弄《ほんろう》されながらも力強く生き抜く姿を描いた『風と共に去りぬ』は、奴隷制度についての描写があるので、一九五二年にサンフランシスコ講和条約が締結されるまで日本での上映は禁止されていた。というのも、アメリカにとって奴隷制度は、日本における原発問題と同じようにタブー視される汚点だったからだ。ゆえに日本では、主人公が拳銃を持たず、少女と恋に落ちるという、奴隷制度の描写のない恋愛西部劇が上映された。彼女が悪漢に襲われて銃を突きつけられても、主人公は丸腰で武器を何も持たないまま果敢に敵に挑む。命がけで恋人を愛する西部の男の美学に、僕は魅了されていった。

西部劇は恋愛劇なのである。命を捨てる覚悟は恋でもしないとできないものだ。ところがアメリカは、〝彼女〟と〝祖国〟をすりかえた。男たちは〝彼女〟ではなく、〝祖国〟のために命を捨てる覚悟を決めて戦いに臨《のぞ》んでいった。「身を捨てて〝彼女〟を守る」はずが、いつの間にか「身を捨てて〝祖国〟を守る」ということになってしまったのだ。

それは日本の武士道もまったく同じ精神である。男たちは身を捨てて〝お国〟を守ろうとし、残された女は〝お国〟のために愛する男が命を散らすことがあっても、それは名誉なことだと信じて疑わなかった。

こうして世界中の庶民が戦争の犠牲者となったのだ。

『拳銃の町』で主演したジョン・ウェインといえば、おなじみ、西部劇のヒーローで、ミスター・アメリカとまでいわれた男である。生まれはアメリカのアイオワ州。一九〇七年にアイルランド系の両親のもとに生まれた。本名はマリオン・ロバート・モリソンといい、大学を中退後に、フォックス社の撮影所で大道具や小道具係、エキストラとして働き始め、一九三〇年にラオール・ウォルシュ監督が手がけた『ビッグ・トレイル』の主役に抜擢《ばってき》された。

西部開拓の夢を抱いた大幌馬車隊が、先住民の襲撃や暴風といった数々の困難に立ち向かいながらも果敢に前進してゆく姿を描いたこの作品。記念すべきジョン・ウェイン主演第一作なのだが、彼はこのときまだ無名の新人でしかなく、大恐慌の影響も受けて興行的には失敗に終わった。

その後しばらく、B級テレビ俳優として不遇の時代を過ごしたジョン・ウェインを一躍スターダムにのし上げたのがジョン・フォード監督の『駅馬車』である。

それぞれに事情を抱えた乗客九人を乗せ、平原を疾走する一台の駅馬車が舞台。先住民の襲撃や無法者との決闘を盛り込みながら、乗客たちの織り成す人間模様を描き出した傑作なのだが、これは戦意高揚映画でもある。

『駅馬車』は、アメリカが日本に脅威を感じ始めた一九三九年に製作された。登場する野蛮な先住民は日本人を暗に指している。西部劇において先住民は、アメリカのアジア政策を投影する鏡として扱われたといっても過言でない。

そんな『駅馬車』をはじめ、数あるジョン・ウェイン作品の中で、僕のもっともお気に入りの作品ひとつを挙げるとするならば、一九五六年公開の『捜索者』だ。ジョン・フォード監督とジョン・ウェインの黄金コンビによる、ひとりの男の復讐を描いた傑作ウエスタン。南北戦争が終結し、一匹狼のイーサンはテキサスの兄の家を訪れる。しかし、愛する兄と義姉はコマンチ族に虐殺され、その娘たちまでもさらわれてしまう。復讐を心に誓ったイーサンは、仲間とともに捜索の旅に出るという物語である。

アメリカのスターは、南北戦争の勝者である北軍の将校を演じるというのがハリウッド映画のセオリー。ところがこの作品は、ジョン・ウェイン演じるイーサンが南軍の負けた兵士として家に帰ってくるという場面から始まる。しかも、イーサンが愛していた女性は自分の兄の妻になった挙げ句に先住民に殺され、その娘が先住民にさらわれてしまうのだ。野蛮な先住民に対して偏見を持ちながらも、自分の愛した人の娘を探しにいくイーサン。

しかし、少女は先住民の娘となっていた。そのことにショックを受けながらも、イーサンは少女を助け出し、抱きしめる。愛していたもののフラれてしまった女性の娘を救出したイーサンの悲哀は、ジョン・ウェインだから出せたものだ。

ミスター・アメリカの死に感じる戦争への憎悪

スチュアート・ミラー監督の『オレゴン魂』は、ジョン・ウェインとキャサリン・ヘプバーンが初共演した一九七六年の作品。『勇気ある追跡』の続編で、大酒飲みの保安官、女性宣教師、先住民の少年の三人が悪漢一味を追跡するというストーリーだ。銃撃戦やイカダによる激流下りなど、アクションの見せ場を交えて描かれているのだが、ジョン・ウェインはこのとき六十九歳。かなり貫録のあるでっぷりとした体格になっていて、キャサリン・ヘプバーン演じるヒロインには「あなたの日焼けした顔とその大きなお腹、クマみたいな手と輝く瞳、あなたは素敵な男性よ。私は友人であることを誇りに思うわ」と言われて、馬で走り去られてしまう。いくつになってもジョン・ウェインは失恋が似合う。

というのも、ジョン・ウェインは生涯三回結婚し、亡くなるときは結婚こそしていなかったものの四人目の妻同然のような女性が看取《みと》ったといわれている。そんなジョン・ウェインが死ぬまで想い続けたのはゲイル・ラッセルだったのではないかと囁かれている。

ジョン・ウェインは一九四七年の西部劇『拳銃無宿』でゲイル・ラッセルと共演。ジョン・ウェインは二人目の妻のエスペランザ・バウアーと結婚していたにもかかわらず、ブルネットの髪に青い瞳のゲイル・ラッセルに恋をしてしまった。ふたりの忍び愛は不倫スキャンダルに発展し、家に帰ったジョン・ウェインが妻のエスペランザに拳銃で撃たれ、危うく死にかけたというエピソードも世間を驚かせた。

ところが、ジョン・ウェインは妻に疑われても懲《こ》りずに翌年公開の『怒濤の果て』で再びゲイル・ラッセルと共演している。南洋を舞台に、男の意地とロマンスを盛り込んだ海洋アクションで、ジョン・ウェインは〝バドジャク〟という船会社のロールス船長を演じているのだが、ロールスは子分たちを鞭《むち》で打って働かせるような乱暴な男。そんな彼がゲイル・ラッセル演じるアンジェリクと出会うや、恋に落ちて優しい男になっていくのである。

ジョン・ウェインは、この〝バドジャク〟からインスピレーションをえて、自らの独立プロダクションを「バドジャクプロダクション」と名づけた。この作品に並々ならぬ思いがあることがうかがえる。

結婚した三人の妻は皆、ゲイル・ラッセル似だったという話もあるのだが、三回とも結婚生活はうまくいかなかった。野球のように「スリーアウト・チェンジ！」というわけでもないのだろうが、四人目の妻同然のような女性はゲイル・ラッセルとは似ても似つかない人だったとか。

しかし、晩年癌に冒されたジョン・ウェインが、彼女に看病されながら見ていた作品はゲイル・ラッセルと共演した『怒濤の果て』だったといわれている。どこまでも愛に不器用なジョン・ウェインらしい最期である。

ジョン・ウェインは、一九七九年六月十一日、胃癌のために亡くなった。その死は日本でも「ミスター・アメリカ死す」とマスコミが報じて、映画ファンに衝撃を与えた。

彼を死に追いやった胃癌は、一九五六年公開の『征服者』の撮影による影響ではないかという説が有力だ。ジョン・ウェインが十二世紀の覇王ジンギスカンに扮するスペクタクル史劇。宿敵タタール人を破り、王の娘と結ばれるまでを描いたこの作品は、ユタ州のセントジョージの近くで屋外シーンの撮影が行われていた。そこは、アメリカ合衆国政府のネバダ核実験場から百三十七マイル（約二百二十キロ）風下にあり、撮影されていた当時、核兵器の地下核実験が行われていた場所である。ジョン・ウェインをはじめとするキャストやスタッフは、不安を抱えながらこの地での撮影を乗り切ったという。

同作を手がけたディック・パウエル監督は、映画完成後の一九六三年に五十八歳で癌で亡くなり、ヒロインを務めたスーザン・ヘイワードは一九七四年に脳腫瘍で亡くなったと報じられる一方、癌の病変も確認されていたと伝えられている。二百二十人の撮影クルーのうち九十一人が癌を患い、ジョン・ウェインを含む四十五人が癌で亡くなっているという事実は隠しようもない核実験との因果関係だろう。戦争というものに対する憎悪を感じずにはいられない。

ジョン・ウェインが活躍した西部劇は、フロンティアスピリットを持った白人が、無法者や先住民と対決するさまが描かれ、その勧善懲悪《かんぜんちょうあく》ぶりが人気を博した。ところが、一九五五年から始まったベトナム戦争をきっかけに、人気に陰《かげ》りがさすようになった。戦争によって大勢のアメリカの若者の命が奪われたことにより人々の価値観が一変し、先住民を悪として懲らしめるような西部劇は時代錯誤とされ、衰退の一途を辿っていったのだ。

そんな中、ランドルフ・スコットは西部劇に出演し続け、やがて自ら製作者となって西部劇を撮り続けた。

ランドルフ・スコットはアメリカ・バージニア州に生まれた。バージニア州はその昔、イギリスに統治されていたアメリカ十三植民地のひとつで、一七七五年に始まったアメリカ独立戦争でイギリスに勝ち、独立を勝ち取った州である。

ところが、ランドルフ・スコットが生まれる三十年ほど前に起きた南北戦争で、南軍に属していたバージニア州は北軍に負けてしまう。黒人奴隷を雇って綿花を栽培し、その輸出で経済を支えていた南部州と、工業化による保護貿易と黒人奴隷の開放をめざす北部州が戦い、アメリカ社会全体が死に直面した南北戦争で、バージニア州は負け組の汚名を着せられてしまったのだ。

独立戦争で勝ち組にいたはずの故郷が、南北戦争で敗者となってしまったランドルフ・スコット。故郷の名誉挽回《めいよばんかい》を図《はか》った彼は、十九世紀後半を舞台とした西部劇に出演することで、イギリスから独立をもぎ取った勝者としての誇りを保とうとした。

西部劇は西部の未開の地を開拓していくさまを描いたので西部劇と呼ばれているが、実はその主人公は独立戦争で独立を勝ち取ったアメリカ十三州の男、つまり東部の男なのである。東部の人は、独立戦争で血を流してアメリカという素晴らしい国をつくったという自負があって、それがアイデンティティーになっている。アメリカの東海岸に、独立戦争の勝利を記念した碑ばかりがあることが、何よりその証拠だ。

そんな東部の人からすると、南北戦争は汚点なのである。黒人奴隷問題など、世界で糾弾されている問題も絡んで起きた南北戦争は、なかったことにしたい歴史そのもの。勝者こそ正義、ということなのだ。

求められる庶民の側に立ったヒーロー

西部劇のヒーローで忘れてはならないのは、義賊〝グッドバッドマン〟である。〝グッドバッドマン〟は世間的な常識でいうと悪人なのだが、勇気をもって信じることをなせば、それが善となり、庶民からしてみると味方をしてくれる善人となる。日本でいうなら、鼠小僧治郎吉が〝グッドバッドマン〟の代表だろう。

映画はもともと弱き庶民の娯楽であり、庶民たちを勇気づけてくれるのが映画の魅力でもある。ゆえに、庶民の味方をする〝グッドバッドマン〟が映画にぴったりのヒーローというのも納得がいく。

西部劇でしばしば主人公として描かれる人気の〝グッドバッドマン〟といえば、世界一有名な強盗としてその名を轟かせているジェシー・ジェイムズだろう。ジェシーは強盗の際、「御婦人と労働者からは盗《と》らず、金持ちの紳士からのみ奪う」という名ゼリフを吐いたと言われている。それはおそらく伝説と見られているのだが、南北戦争で敗れた南部の大衆は、北部の資本に挑戦するジェシーの強盗団に、「失われた南部の大義」を見ていた。ゆえにジェシーは、強盗という悪事を働きながらも南部庶民の味方をするヒーローとなったのだ。

「大林宣彦のいつか見た映画館」で紹介した『命知らずの男』は、ジェシー・ジェイムズが主人公である。舞台は南北戦争も終わりに近い一八六三年のカンザス州ローレンス。その地に辿り着いた若き日のジェシー・ジェイムズら一行は、南軍ゲリラ部隊の隊長クワントリルの義侠心に傾倒し、彼の部隊に参加すべく探しまわる。やがてクワントリル部隊に入ったジェシーが頭角を現していくという物語。オーディ・マーフィ扮するジェシーはまさに〝命知らずの男〟で、自分のアイデンティティーのために命を懸けて戦う〝グッドバッドマン〟として描かれている。

日本では、アウトローでありながら庶民にとってはいい人の〝グッドバッドマン〟が殿さまだったらいいなという思想で、入れ墨判官《はんがん》でおなじみ、遠山金四郎を生んだ。庶民の顔をして巷《ちまた》にいる一方で、権力者でもあった遠山の金さんは、庶民の味方をするヒーローである。世の中は今も、権力をかざして庶民を従わせていく権力者ではなく、庶民は庶民の側に立つリーダーを求め続けている。

『東京物語』と『東京家族』に込められたメッセージ

山田洋次監督は松竹の先輩である小津安二郎監督の名作『東京物語』にオマージュを捧《ささ》げる映画の製作を試みた。戦後変わりつつある家族の関係をテーマに人間の生と死までをも見つめた『東京家族』。撮影に取りかかる前に小津さんの『東京物語』を見返した山田さんは僕に言った。

「大林さん、驚きました。小津さんの『東京物語』には全カットに戦争が映っていました」

「私は豆腐屋のような映画監督なのだから、トンカツをつくれといわれても無理で、せいぜいガンモドキぐらいだよ」という言葉を残した小津監督は、戦時中、現実を受け入れて軍の命に従って戦意高揚映画を撮るために戦地のシンガポールに赴いた。しかし、小津さんはそこでキャメラをワンカットも回さずに敗戦を迎え、引揚船に乗らずにシンガポールに留《とど》まった。そして、慰問用に置いてあった勝者のアメリカの映画を貪《むさぼ》るように鑑賞した。

ジョン・フォード監督の『駅馬車』やヴィクター・フレミング監督の『オズの魔法使』といった作品を見て、「こんな大作映画をつくる国と戦争した日本が馬鹿だ」と悟った。小津さんは一九四六年二月に帰国。映画界に戻ると、娘が嫁にいく映画ばかりを撮った。そこに登場するのは戦後を生きる市井《しせい》の人々だった。

ところが、小津さんの〝娘が嫁にいく映画〟に戦争が映り込んでいることに、公開から六十年以上が経って山田さんは気づいた。

戦争の影を映していたのは、小津映画に欠かせない女優だった原節子さんである。ほかのキャストは戦争があったことを忘れて高度経済成長の波に乗った日本を楽しんでいたのだが、原さんだけは戦争の記憶を留めていた。そんな原さんを使って、小津さんは戦争を描いたのである。

小津さんの『東京物語』を見返した山田さんは、今の時代に影を落とす3・11の後遺症である放射能汚染の問題を新作映画の全カットに映さなければ意味がないとして、クランクイン直前に製作の延期を発表し、公開を一年先送りにした。3・11とは、二〇一一年三月十一日に発生した、東北地方太平洋沖地震による災害およびこれに伴う福島第一原子力発電所事故による未曽有《みぞう》の災害である。山田さんは宮城県南三陸町や岩手県陸前高田市といった被災地をめぐり、脚本に手を加えた。

二〇一三年一月、3・11の影を映画に落とした山田洋次監督の『東京家族』が公開となった。この作品には日本の未来がどうなっているのかわからないというメッセージが込められている。

新たな戦前映画を撮り始めた若き映画作家たち

日本の危うい未来を危惧《きぐ》しているのは山田洋次監督や僕だけではない。最近の日本映画界では過去の戦争を知らない若手の映画作家たちも自分たちの手法で未来を生きる人たちにメッセージを送っている。

そのひとりである手塚眞くんは、以前、「僕は映画が好きだから映画を撮ろうとしたけれど、大林さんのようには撮れなかった。大林さんは、間違いだらけだった太平洋戦争を体験しているから撮るべきテーマがある。だけど戦争を知らない僕たちには撮るべきテーマが見つからない。映画を撮る理由がない」と胸の内を明かし、僕に嫉妬《しっと》していたのだと告白した。しかし、手塚くんは今の時代になって自分たちにも戦争があると語り始めた。

その戦争とは、過去の戦争ではなく、これから起こるだろう戦争。敗戦後の人間を描くのではなく、新しい戦前に怯えて、手塚くんは映画製作に取り組んだ。

彼が二十代で撮った、一九八五年の『星くず兄弟の伝説』から三十年が経って、二〇一八年に自らの手で新たに甦《よみがえ》らせたのが『星くず兄弟の新たな伝説』である。近未来を舞台にスターダスト・ブラザーズというロッカーのふたりが、月へ行ったり女性になったり西部劇をしたりと、冒険と活躍を繰り広げる奇想天外《きそうてんがい》なストーリーが展開する。都会的でウィットに富んだ作品を世に送り出してきたウディ・アレンがお遊びの感覚でつくってしまったかのようなこの作品について、「人々がリアルなものを求め、現実的でない話がつくりにくい時代に対するアンチテーゼという意味もあった」と手塚くんは語っている。

そんな『星くず兄弟の新たな伝説』には、全カットに戦争が映っている。浅野忠信くんがウエスタンの服装に身を包んで登場する西部劇の場面も、どうしてアメリカで西部劇が生まれたのかという、その意味が映し出されていた。白人の善良な開拓民を悪辣《あくらつ》な先住民が襲い、それを騎兵隊が救出するという勧善懲悪のウエスタンから、人種差別に反対する公民権運動の盛り上がりの中で白人同士が激しく殺しあうサム・ペキンパー監督の作品のように変わっていった西部劇のエキスを取り入れているのだ。これから始まるだろう未来の戦争に警鐘《けいしょう》を鳴らす、新たな戦前映画の傑作である。

『星くず兄弟の新たな伝説』をつくりあげた手塚くんについて、さすが〝マンガの神様〟と呼ばれる手塚治虫さんの息子だな、と僕は感服しきりなのだが、この作品のフィロソフィーを、痛みも含めて一番理解できるのは手塚治虫さんだっただろう。そう思うと、手塚さんの不在が残念でならない。

そういえば手塚治虫さんは、生前こうおっしゃっていた。

「火星人や水星人が地球を攻めてきて、地球人がアメリカも北朝鮮もなく、一緒になってほかの星のエイリアンと戦わなければならないような状況にならないと、地球に平和は来ないかもしれない。江戸時代末期に、黒船が日本に来たときに、敵対していた薩摩と長州が手を結んだように」

どうしても世界の国々は、自国ファーストの姿勢をとりがちだ。力を合わせなければ太《た》刀打《ちう》ちできないような恐ろしい敵が現れない限り、この地球上から戦争はなくならないのかもしれない。人間の悲しい性《さが》である。

手塚くんと同世代の岩井俊二くんも、新しい戦前派の映画作家のひとり。彼の代表作『打ち上げ花火、下から見るか？横から見るか？』は、打ち上げ花火をめぐって繰り広げられる少年少女の夏の一日を、瑞々《みずみず》しくも郷愁《きょうしゅう》あふれるタッチで綴った名作である。映画公開から二十二年後の二〇一七年にはアニメ化され、その人気が色褪《あ》せていないことを証明した。岩井くんは直感的に、花火を上から落とせば爆弾で、下から打ち上げれば平和を祈る花火になることを見いだした。彼が本来持っているジャーナリスティックな素質が、彼の才能を育てている。

塚本晋也くんも、想像力で戦争を学んでいこうと感じて映画を製作している若手監督である。二〇一四年の『野火 Fires on the Plain』は、第二次世界大戦末期のフィリピン・レイテ島を舞台に、肺病のため部隊を追われたひとりの兵士が、雄大な自然の中で目の当たりにした、過酷な戦争の現実を描き切っている。この作品で塚本くんは、過去の戦争を知ろうとしたのではなく、これから知らざるをえない戦争を先んじて知ることによって戦争を避ける知恵を学んでいこうとした。そんな『野火 Fires on the Plain』について、塚本くんは、「観客が入らない作品かもしれないけれども、今つくっておかなければいられないと思って製作した」と話していた。その姿勢は、映画『第五福竜丸』の新藤兼人監督や、『八月の狂詩曲《ラプソディー》』の黒澤明監督と同じスタンスである。

映画はジャーナリズムである

アメリカの水爆実験で被爆したマグロ漁船・第五福竜丸の悲劇を描いた『第五福竜丸』を手がけた新藤さんは、『第五福竜丸』より七年前、一九五二年に広島の原爆を題材にした『原爆の子』という劇映画をつくっている。新藤さんは映画作家としての信念を貫くために一九五〇年に松竹を飛び出し、独立プロダクションを設立した。しかし、新藤さんがつくる社会性の強い作品は興行的には成功せず、『第五福竜丸』には映画館の客が三人しかいなかったというエピソードがある。しかし、新藤さんは「あんな映画に客が来ると思ったか」とうそぶき、呵々《かか》と笑い飛ばした。資金繰りにも苦労した新藤さんだが「歴史に残しておかなければならない出来事だから、映画にしたのだ」と胸を張った。新藤さんは儲かるような映画をつくろうとはしなかった。「われわれがつくりたいと思う映画をつくる」という信念を持って、百歳で亡くなるまで映画をつくり続けた。そして、いかなる正義の理由があっても戦争に反対の姿勢は崩さなかった。

正義というものは、信じてはならないものである。というのも、それは時代の人間の欲望や権力、世界の動きだとか、そういうことに影響されるからだ。戦時中の正義は終戦と同時に変わった。戦争と敗戦と、その後の平和なるものを経験した八十歳過ぎの爺《じじい》からすると、正義とは人間の都合なのである。しかも、その都合は年中変わるのだ。

太平洋戦争の時代、少年だった僕たちは大日本帝国のために命を捧《ささ》げることが正義であると言われて育てられた。それしか正義はない、そう信じていた。ところが、終戦と同時に、日本の政府は間違っていて、アメリカやイギリスの政府が正しかったということになった。勝った国の正義しか正しくないのか。負けた国の正義なんて負けてしまえばゴミみたいなものなのか。そんなもののために命を懸《か》けたり、誇りを持ったりしていた自分たちのなんと愚かだったことか。僕はそういう思いに苛まれた。しかも、戦争が愚かだったと、そう信じて言えるようになったときには、人々はそのことを忘れ始めてしまうのである。言いたいときには言えなくて、言えるようになる頃には風化してしまう。時差があるのだ。

その点、映画はジャーナリズムである。人々が忘れてしまったことを映画は記憶しているのだ。何年か経つと以前起きたことと似たようなことが繰り返されて、過去の偉人の知恵や願いが生かされる時代が来る。だから映画はジャーナリズムとして永遠に生き続けなければいけないのである。

1944年頃に描いた絵。太平洋戦争での日本
の勝利を確信する軍国少年であった

『群盗の町』

原題：Badman's Territory
監督：ティム・フェーラン
脚本：ジャック・ナットフォード　ベス・タフェル
出演：ランドルフ・スコット　アン・リチャーズ　トム・タイラー　ジョージ・“ギャビー”・ヘイズ　レイ・コリンズ　ジェームズ・ウォーレン　モーガン・コンウェイ　ヴァージニア・セイル
製作年：1946年
製作国：アメリカ

戦前と戦後の“自由”の違いが現れた西部劇

われわれは〝ランスコさん〟と呼んでいたランドルフ・スコット主演の西部劇です。数多くの西部劇に出演したランスコさんの娯楽作品ですから何度も上映されたかと思いきや、珍しく日本未公開の映画でした。公開は戦争が終わった一九四六年。戦前の西部劇と比べると、それなりの変化はありました。戦前の西部劇は拳銃の早撃ちのアクションはまだ発明されていませんでしたが、この映画ではランスコさんと悪役の抜き撃ちシーンがありました。ガントリックという技は映画が発明したものなんです。その片鱗《へんりん》をこの映画ではうかがわせてくれます。

この映画の原題は「Badman's Territory」。拳銃を持つ〝悪いやつら〟が自由を謳歌《おうか》していたという不思議な歴史背景のある物語です。今でもアメリカでは自分たちの自由を守るために拳銃が必要という思想がありますが、この作品をよく見ると庶民が本当の幸せを得るには銃を捨てなくちゃいけないんだということが読み取れてきます。それに、この映画の面白いところは、当時のB級西部劇ではインディアンは悪人として描かれ、拳銃で撃ち殺しても罪悪感など皆無だったのに、この映画ではインディアンの人たちが人格を持って存在しているのです。なるほど、これは裏を読んでいくとたいしたシナリオだと気づかされます。役者はもちろん、監督、プロデューサー……そういう人たちの中で戦争前の自由と戦争が終わったあとの自由では形が違うぞという意識があったからに違いありません。戦争という大犯罪を犯したあとに、そこから学んでより賢くなりましょうということのために映画づくりの人たちは懸命になっていたのだということがわかります。

『烙印』

原題：Branded
監督：ルドルフ・マテ
原作：エバン・エバンス
脚本：メル・エプステイン
出演：アラン・ラッド　モナ・フリーマン　チャールズ・ビックフォード　ロバート・キース　ジョセフ・カレイア　ピーター・ハンソン
製作年：1950年
製作国：アメリカ

〔名優アラン・ラッドの正体が発見できる作品〕

ガントリックの鮮やかな西部劇とは違う、歴史劇に近い西部劇です。主演はアラン・ラッド。あの『シェーン』の名優です。

監督はルドルフ・マテ。名前はよく知っているのですが、代表作が思い浮かばないんです。彼は長い間、撮影監督をしていて、その頃の作品は名作ばかり。ゲイリー・クーパー主演の『打撃王』、アルフレッド・ヒッチコック監督の『海外特派員』などで知られています。撮影監督として画面をつくる才能は群を抜いていました。『烙印』も画面がとても陰影の濃い、重厚な映画に仕上がっています。

どこか暗くて陰湿な映画なのですが、それにアラン・ラッドの宿命みたいなものが活《い》かされているように思います。アラン・ラッドはとてもハンサムで顔だけならば女の子に大モテなんだけれど、身長が低かった。それを敏捷《びんしょう》な運動能力で補《おぎな》ってきた。あのガントリックはアラン・ラッドの努力の賜物《たまもの》だったんです。

『烙印』は自由を求めるアメリカで、牛だけはなく人間までも〝烙印〟を押されたかのように飼われているというのがテーマ。〝烙印〟を押されて自由のない育ち方をした若者が、〝烙印〟を消して自由に自分の選んだ道を選び、荒野の彼方に去っていきます。自由はどこにあるのだろうということ悩む若者を、アラン・ラッドがあのハンサムな顔に苦渋を滲《にじ》ませて演じています。この作品の直後に、アラン・ラッドは『シェーン』とめぐりあいます。映画の歴史に燦然《さんぜん》と輝く『シェーン』でのみ名優として名を馳《は》せるきっかけとなった『烙印』はアラン・ラッドのアイデンティティー（正体）が発見できる作品なのですね。

（衛星劇場）

『狙われた駅馬車』

原題：Rawhide
監督：ヘンリー・ハサウェイ
脚本：ダドリー・ニコルズ
出演：タイロン・パワー　スーザン・ヘイワード　ヒュー・マーロウ　ディーン・ジャガー　エドガー・ブキャナン　ジャック・イーラム　ジョージ・トビアス　ジェフ・コーリー　ジェームズ・ミリカン
製作年：1951 年
製作国：アメリカ

〔タイロン・パワーを際立たせた脚本の妙技〕

大衆娯楽の西部劇でしたが、その典型のような作品です。見れば見るほど面白いのですが、それもそのはずで西部劇の名手、ヘンリー・ハサウェイ監督の作品。ヘンリー・ハサウェイは美しい構図を得意とする監督ですが、歴史的な作品を残したアーティスティックな監督というよりは娯楽性を大事にした人です。脚本はジョン・フォード監督の代表作『駅馬車』を書いたダドリー・ニコルズ。よくできたシナリオですから、映画職人のヘンリー・ハサウェイの手にかかれば面白くないはずはありません。

主演はタイロン・パワー。この人は大変な美男子です。そんな美男子が西部劇で主役を張ることの違和感。ヒロインのスーザン・ヘイワードもただ可愛いだけの人で、この西部劇は美男美女を見せるだけのものかと思ってしまうのですが、実は脇役に仕かけがあるんです。悪役を演じたヒュー・マーロウ。本当なら悪役は悪いだけでいいんです。ですが、さすがはダドリー・ニコルズ。単に悪いだけではスリルが半減すると、この悪役の根っこに善性を持たせたのですね。どこかで道を外して悪に染まってしまった、悪に染まった自分を憎しみながら生きている。そういう男をヒュー・マーロウは見事に演じ切りました。彼の演じた悪役は無残に殺されてしまうのですが、僕たちはその悪役の過去になにがあったのか気になってしょうがなくなる。しかし、そこがダドリー・ニコルズの名手たる所以《ゆえん》です。それ以上やると主役がヒュー・マーロウになってしまう。そういう脇役がいるからタイロン・パワーやスーザン・ヘイワードが余計に引き立つのですね。

特選クラシックシネマ ⑭

『死の砂塵』

原題：Along the Great Divide
監督：ラオール・ウォルシュ
原作：ウォルター・ドニガー
脚本：ウォルター・ドニガー　ルイス・メルツァー
出演：カーク・ダグラス　ヴァージニア・メイヨ　ジョン・エイガー　ウォルター・ブレナン　レイ・ティール　ヒュー・サンダース
製作年：1951 年
製作国：アメリカ

ハリウッドに現れた“ダーティヒーロー”

題名に記憶がなかったんです。ひょっとすると見てなかったのかもしれません。そうして見たら、なんとウォルター・ブレナンが出ていました。ウォルター・ブレナンといえば日本でいえば笠智衆《りゅうちしゅう》さんのような人。この人が出てるだけで映画がウキウキと楽しくなって、それだけで満足してしまう。映画に愛された俳優さんというのでしょうか。ウォルター・ブレナンが全編出っ放しの主役といってもいいような役を演じているのですが、しかし、彼はアクターであって、スターではない。主役に選ばれたのはカーク・ダグラス。彼は戦争が終わったあとから登場したスターで、戦前からのジョン・ウェインやゲイリー・クーパーとは違い、どこか鬱屈《うっくつ》した思いを前面に出して、それがヒーローになるという、〝ダーティヒーロー〟というのでしょうか。そういうヒーローの走りになった人です。

一九五一年の映画ですが、もう西部劇を見る人がアメリカでもいなくなってきてました。そこにカーク・ダグラスが癖《くせ》のあるヒーローをあえてやろうと厳《いか》めしい顔をつくって一所懸命演じている。アメリカの国家権力や民主主義のあり方を揶揄《やゆ》する。そういう内容の映画でもあるんです。

当時、カーク・ダグラスは筋肉質のムキムキマンで、これが戦争に勝った国の男性か、痩《や》せっぽちの日本人がかなうわけがないと思いました。七〇年代後半にハリウッドでカーク・ダグラスとコマーシャルの仕事をしたんですが、そのとき僕が彼につけたキャラクターが「力強いのだけれど、いつも相手に負けてしまうヒーロー」。カーク・ダグラスを知ってる人なら納得されると思います。

（衛星劇場）

『シマロン・キッド』

原題：The Cimarron Kid
監督：バッド・ベティカー
脚本：ルイズ・スティーヴンス
出演：オーディ・マーフィ　イヴェット・デュゲイ　ビヴァリー・タイラー　ジョン・ハドスン　ジェームズ・ベスト　リーフ・エリクソンオ　ノア・ビアリー・ジュニア　ジョン・ハバード　ヒュー・オブライエン
製作年：1953年
製作国：アメリカ

［エモーションが滲み出てくるカットの切れ味］

主役を演じたオーディ・マーフィは第二次世界大戦の英雄でしたが、背丈がとても低かった。彼はやはり小柄なジェームズ・ギャグニーに見いだされて映画俳優になったのだけど、ギャグニーはマーフィにこう言ったのですね。「戦場で敏《びん》捷《しょう》に動いてきたのだから、それを活《い》かしてスターになったらいいよ」。当時、ヘンリー・フォンダやゲイリー・クーパーが西部劇で早撃ちを見せたのですが、マーフィがいちばん早撃ちだった。彼はホルスターから拳銃を抜かないで、ホルスターに入ったまま撃っちゃう。敏捷でしょ？　ずるいかな？　でも、それがオーディ・マーフィの正体。そういう意味では彼は映画スターというよりはトリックスターだったかもしれませんね。

「シマロン・キッド」はB級の西部劇ですが、バッド・ベティカー監督は、演出の術ということならA級西部劇を撮ったジョン・フォードにも劣りませんね。ベティカーのカットの切れ味は見事です。映画というものはカットが少しでも長引くと冗漫《じょうまん》になるんですけど、ベティカーはここで切るべきという、いちばん短い編集点で切るんですね。普通はたっぷりとディテールを描いてシナリオ以上のものを滲《にじ》ませてやろうとして無駄話が多くなってしまうのですが、ベティカーは無駄話を一切しない。必要なものだけをパンと切るんです。時を経て、この映画を見たとき、ちょっと待てよ、これが本当の映画の演出ではなかったか、ジョン・フォードにこの切れ味があったら、もっと素晴らしい映画が撮れたんじゃないか。切り刻んで外に出てしまったエモーションが滲み出てくる映画なんですね。

未来の章——未来を生きる人として

「映画で歴史は変えられんけど、
歴史の未来は変えられるんかもね」

『海辺の映画館—キネマの玉手箱』シナリオより

チャップリンの作品で発見した「処女作はすべてを語る」

二〇一九年は、喜劇王チャールズ・チャップリンの生誕百三十周年の年だった。数多くの喜劇映画を残したチャップリンといえば、チョビ髭《ひげ》、山高帽《やまたかぼう》にステッキ、がに股歩きがトレードマーク。僕がナビゲーターを務める「大林宣彦のいつか見た映画館」でもチャップリンが手がけた『犬の生活』『一日の行楽』『担え銃』という三作品を紹介した。『犬の生活』は、犬と旅する放浪者と酒場の女性歌手の恋を描いたヒューマンコメディー。『一日の行楽』は、ブルジョワの家族が行く先々でさまざまなトラブルに巻き込まれる様子を、皮肉たっぷりに面白おかしく描いた作品。『担え銃』は、戦争の虚しさを嫌味なく訴える、第一次世界大戦最後の年につくられた傑作戦争諷刺《ふうし》コメディーである。

僕が最初に出合ったチャップリン作品は『黄金狂時代』だったと記憶している。十九世紀末、アラスカで金鉱が発見され、一攫千金《いっかくせんきん》を夢見る人々が押し寄せてきた。ひとりぼっちの探鉱家のチャーリーは猛吹雪に襲われ、一軒の山小屋に転がり込む。ところが、そこには指名手配中の凶悪犯ラーソンがいたという物語。ゴールドラッシュに沸くアラスカを舞台に、飢えや寒さ、孤独と戦いながら、金脈を探し当てて一攫千金を狙う人々の、悲喜《ひき》交々《こもごも》を描いた一九二五年のサイレント映画で、チャップリンの代表作のひとつである。

その後、チャップリンが機械文明に対して痛烈な諷刺を込めて描いた『モダン・タイムス』や、チャップリンが製作・監督・脚本・主演（二役）を務め、痛烈にアドルフ・ヒトラーの独裁政治を批判した『チャップリンの独裁者』といったトーキー映画が日本で上映され、チャップリンの声も映画で聞けるようになった。

しかし、少年の頃に見たそれらのチャップリン作品は、彼の映画人生の後年期のものであった。

一方、『犬の生活』『一日の行楽』『担え銃』は、彼の作風が確立される前段階で製作されたものである。特に『犬の生活』は、ハリウッドのサンセット大通りとラ・ブレア通りに面して建てられた〝チャップリン撮影所〟でつくられた記念すべき第一回作品。チャップリンがチャップリンとなって初めてつくった、いわば処女作みたいなものだ。そんな『犬の生活』は、僕たちが知る全盛期のチャップリンの作風とはまったく異なっているのだが、今になって改めて見ると、チャップリンの本質がしっかり出ていることがわかる。楽しいだけではなく、チャップリン特有のヒューマニズムが込められていて、チャップリンの映画人生すべてが映っていたのだ。

「処女作はすべてを語る」という言葉があるが、それをチャップリンによって発見したことに、僕は興奮を覚えた。処女作はその人の人生を運命的に先取りするのだと再確認ができたし、僕の映画人生もやはり処女作の『ＨＯＵＳＥ　ハウス』にすべてが詰まっていることを確信した。

表現者というカテゴリーにある人たちは、ジャーナリストであって、過去から学んで未来のために、今何を考えなければならないかを常に追求している。それは映画監督に限ったことではない。画家や音楽家といったすべての表現者に当てはまることで、歴史に名を残すような優れた表現者は、潜在的な予知能力の持ち主なのだ。

たとえば一九一八年に製作された『担え銃』は、その年まで続いた第一次世界大戦の主戦場がヨーロッパであったため、アメリカには戦争の実情があまり伝わっていなかった。にもかかわらず、劇中にチャップリンは軍服を着て登場し、戦争を批判する展開を見せる。戦争に対するチャップリンの潜在的な予知能力は計り知れない。それであるから喜劇なのだけれどジャーナリスティックな作品ができあがったのだ。

チャップリンの映画は、いずれの作品も未来ある子供たちにとって良い教材になると思うのだが、今の時代、モノクロームの素材は過去のものという変な通念が支配していて、古いものだから自分たちとは関係ないものと考えられてしまいがちだ。僕の『転校生』は、ひょんなことからカラダが入れ替わった幼なじみの男女が、お互いの気持ちを知るまでを描いていて、ふたりが入れ替わるまでをモノクロで、入れ替わってからはカラーで描き分けたのだが、若い人が見るとモノクロのシーンは過去が映っているように感じるらしい。

チャップリンのサイレント映画に色をつけてカラーにして、音楽をつけて、セリフを入れて、今封切ったら、間違いなく子供たちは飛びつくだろう。チャップリンならどんな音、色合い、言葉にするのか、非常に興味深いところだ。

芸術を心で感じる黒澤明さんが残した宿題

日本が誇る喜劇王といえば〝エノケン〟こと榎本健一さんである。エノケンさんはドタバタの喜劇王といわれていて、紫綬褒章《しじゅほうしょう》を受章した際には、「僕はこれまでドタバタ、アチャラカをやってきたから、これからも一生アチャラカをやっていきます」と〝アチャラカ〟宣言をした。〝アチャラカ〟とは、「めちゃくちゃ」という意味である。当時の僕は、エノケンさんの言葉を額面通りに受け取ってしまって、彼のフィロソフィー（＝哲理）を感じ取れずにいたのだが、今になってエノケンさんが〝アチャラカ〟をやることで平和主義を唱えていたことが見えてきた。

そんなエノケンさんの代表作のひとつが、黒澤明さんが監督を務めた『虎の尾を踏む男達』である。能の「安宅《あたか》」を下敷きにした歌舞伎「勧進帳《かんじんちょう》」を題材に、義経・弁慶一行の安宅の関所越えを描いた作品だが、終戦前後の一九四五年に製作され、その内容が武士の恩義に関するものだったため、連合国軍最高司令官総司令部（ＧＨＱ）から上映禁止とされた。七年ものお蔵入りの期間を経て、晴れて公開されたのは一九五二年になってからだ。

黒澤さんといえば、思ったような色が出せないという理由で、長いことカラーで撮ることを拒否してモノクロの映画を撮り続けたことで知られる。そんな黒澤さんが初めて撮ったカラー映画が一九七〇年公開の『どですかでん』である。戦後のスラム街のような〝街〟で起こるさまざまな人間模様を、ユーモラスかつ幻想的に描いた作品なのだが、封切られると「黒澤は色盲なのか？」と疑われてしまった。自らセットの背景に雲の絵を描いてみたり、キャメラの前にマジックインキで色を塗ったガラスを置いてみたり、画家出身の黒澤さんは実験的ともいえる色使いにチャレンジし、それが世の中に衝撃を与えたのだ。

黒澤さんの色使いを誤解してしまうような世の中の感覚はいまだにあり、それを修正するのは黒澤さんからバトンを受け継いだ僕たち後輩の役目だと思うのだが、黒澤さんの残した宿題は、なかなか難問だ。

黒澤さんは色使いだけではなく、音楽に対しても芸術的な感覚で向き合っていた。「こんな夢を見た」という書き出しから始まる、〝私〟を主人公とした八つのファンタスティックな夢をテーマにしたオムニバス映画の『夢』。その第五話「鴉」は、美術館でゴッホの「アルルの跳ね橋」を見ていた〝私〟が、いつの間にか絵の中に入り込んで、ゴッホに会うというストーリーが展開する。〝私〟を寺尾聰くんが、ゴッホをマーティン・スコセッシが演じた。

ゴッホが登場するシーンの伴奏は、ウラディーミル・アシュケナージが演奏するショパンの「雨だれ」を使用しようと黒澤さんは考えた。ところが、アシュケナージの「雨だれ」は使用許可が得られなかった。どうしてもそのシーンは彼の演奏する「雨だれ」でなければならないと考えた黒澤さんは、日本を代表するピアニストの遠藤郁子さんにアシュケナージの演奏をそっくりそのままコピーして演奏してもらうことを思いつく。しかし、プロのピアニストなら、自分の解釈でショパンを演奏するのが仕事である。遠藤さんは黒澤さんの前で、アシュケナージへの尊敬を表しつつ、自分の解釈で「雨だれ」を奏でようとした。ところが黒澤さんは、遠藤さんが弾き始めるとすぐに演奏をやめさせ、遠藤さんに自由なプレイをしないよう迫った。そして、アシュケナージと三十二分の一拍も違わない演奏を求めた。結局、遠藤さんは自分が想像した「雨だれ」を封じ込めて、アシュケナージのレコードと寸分違《たが》わぬ「雨だれ」を演奏した。

黒澤さんが畏友《いゆう》と呼んだ本多猪四郎《いしろう》さんからは、『野良犬』でも黒澤さんが音楽にこだわりを見せたというエピソードをうかがった。

黒澤さんは、夏の日差しの下、氷屋の暖簾《のれん》がちらちらとする中で聴いたレコードの音楽を、作品に取り入れようとした。そこでスタッフが懸命にレコードを探しあてたのだが、黒澤さんはレコード盤の傷で針が刻むコツコツという音にまでこだわりを見せた。しかも、黒澤さんの頭の中にはコツコツという音の位置まで「ココ！」というのがあったようなのだ。さすがに針が刻むコツコツという音の位置は黒澤さんの頭の中にあるだけで、それがどこなのか、スタッフはわからないわけで、結局、黒澤さんのイメージ通りの音楽はつくれず、黒澤さんも「気分が出ないからやめよう」となったのだそうだ。

黒澤さんには音楽的教養はほとんどない。現に、黒澤さんは、「唱歌の時間に『♪レヒヒフミミイイムイ』（戦前の音階表記）と習っただけだ」と、僕に言っていた。しかし、黒澤さんは音楽を心で感じる人だったのだ。そんな映画監督は世界のどこを探してもほかにいないだろう。

僕も、ピアノのレッスンを受けたことはないが、尾道の家にたまたまピアノがあったので、見よう見まねでピアノを弾き始めた。型にはまった奏法は知らない。独学である。ゆえに、ピアノを弾くときはいつも心の赴くまま、指に任せて奏でている。

『海辺の映画館―キネマの玉手箱』の劇中、僕がピアノを弾くシーンがある。あの場面で使用したのは尾道の実家にあった古いピアノである。調律をしているわけではないので、音程は狂ったまま。しかし、僕は狂ったピアノがいいのだ。狂ったピアノには楽譜では表せない音の調子が存在し、感情が乗る。

調律をしていないピアノは整えられていない。不協和音《ふきょうわおん》を発する。つまり、制度がなく、自由なのだ。自由は形がなく、狂いっぱなしなのである。

人は恋をすると、誰もが自由な音楽家になれる。「君と会って嬉《うれ》しかった」「切ない」「幸せだ」「君が好きだ」などという言葉を口に出したところで、相手には伝わらない。自分の魂から、そのような思いが自由にあふれ出たときに、相手に想いが届くのだ。

黒澤さんの映画は自由なのだ。想いをいかに届けるかをテーマにした恋愛映画のように。

往年の映画が示唆する未来を生きるためのヒント

数ある黒澤監督作品の中で、最高傑作を挙げるとするなら、僕は一九八五年に公開された『乱』を選ぶ。シェイクスピアの四大悲劇のひとつ「リア王」を原点に、毛利元就の三人の息子に着目してつくりあげられた黒澤映画の集大成とされる作品である。実は封切り当初、僕は「三船敏郎さんでもないし、高倉健さんにも逃げられて、勝新《かつしん》（勝新太郎）でもないし、残ったのは仲代達矢さんかぁ……」と、正直なところ物足りなさを感じていた。

ところが、今になって『乱』を見ると、本来、黒澤さんが三船さんと組んだのが間違いだったということに気づかされる。三船さんは、〝負け犬〟とは正反対の〝勝ち犬〟の芝居がうまい人である。ゆえに黒澤さんは三船さんに憧れ、元気のいい映画ばかりつくっていた。しかし、黒澤さんの本質は、仲代さんの如《ごと》き〝負け犬〟の芝居でこそ表現できるものだったのである。『乱』で初めて、黒澤さんは自分と同じ、何をやってもうまくいかない人間を主人公にした。すると、渾身《こんしん》の映画ができあがったのだ。今になってようやく理解することができた『乱』。つくづく、作品を理解するのは難しいと教えられた作品だ。

映画は同じ作品を何度も繰り返して見てほしいと思う。というのも、同じ映画を今日見るのと明日見るのとでは、見え方が変わってくるからだ。

おそらく好きな音楽は何百回と聴いているだろうし、好きな絵を見るためには何十回と美術館に足を運んでいるだろうし、好きな小説も何十回と読んでいることだろう。ところが、どういうわけか、映画は一度見ると、同じ映画を何遍《なんべん》も見るという人はそれほど多くないのではないか。

しかし、映画だって、十歳のときに見るのと、二十歳で見るのとでは見え方が変わってくる。例えば給料日に見るのと、退職した日に見るのとでも違う。恋が生まれた日に見るのと、恋が終わった日に見るのとでは、まったく違ってくるはずだ。

好きな映画だって、「映画がステキに見えたのは、今日の私が幸せだったから」ということもあれば、「映画が退屈に思えたのは、失恋して今日の私はいつもの私じゃなかったから」ということだってある。つまり、映画を見ることで自分の状態がわかるのである。映画を見ればそういう試算ができる。

例えば絵画も、家に飾ってある絵を毎日見ていても、その絵がきれいに見えることもあれば醜く見えることもあるだろう。音楽だって、同じ音楽を聴いていても、その音楽がハッピーに聴こえることもあれば、切なく聴こえることもあるだろう。映画もそれと一緒だ。

かつて僕は、書棚に書物を並べるように、映画がラックに並んで、好きな映画をいつでも取り出して見られるようになればいいなと思っていた。そんなことは不可能だろうと思っていたのだが、ビデオができたときからラックに映画が置けるようになった。今はスマートフォンでも映画が見られる時代である。技術の進歩はありがたいわけだが、それが映画的教養として活かされているかというとそうではなく、昔の映画は所詮《しょせん》、昔の映画。今の時代とはまったく関係ないと、関心を持ってもらえないのが現実だ。非常に残念である。

映画の誕生から約百二十年。創成期の作品を見れば、昔の人の知恵が映し出されている。それを見て取れば、これから未来をどう切り開くか考えたときのヒントとなる。つまり過去は現在であり、未来のための種撒《たねま》きとなるのだ。ゆえに、昔の作品は自分とは関係のないものと決めつけず、新しい友だちと出会ったと思って触れてみてほしい。

映画があれば人生はハッピーエンド

二〇〇九年から続いている「大林宣彦のいつか見た映画館」は古き良き昔の映画を毎月二本ずつ紹介しているのだが、この二本は僕の意思で選んでいるわけではない。目をつぶって映画リストの上に指を置いて上下させて、目を開けたときにたまたま指をさした作品を選ぶときもある。なぜなら、映画との出合いは偶然性が面白いからだ。自分の意思で作品を選ぶと、製作者の作風の好みだとか、主演俳優の好き嫌いで選びがちになってしまう。映画はそれが一番良くない。映画は向こうから出合ってくれるもの。その出合いのチャンスをこちらの意思で無駄にしてはもったいない。というのも、不思議とたまたま選んだ映画が、今見るべき映画だったりするのである。今見て感心できる映画だったりするのである。映画というのは実に面白いものだ。

映画の見方に作法というものもない。主人公ではなく相手役の女の子や敵役《かたき》の男などに肩入れして展開を追っていってもいい。もちろん製作者側はある意図があってつくるのだが、それは個人の勝手な意図であって、「こんなテーマでこの映画をつくったのだから、こういう風に見てくれなくちゃ」と強《し》いるものではない。たまたま見ている人が製作者の意図を受けとめたのなら、製作者はその人と対話をしてほしいのである。「僕はこんな思いでつくったけれど、キミはどう思う?」という具合に。なぜなら、対話を交わすうちに見えてくるのが正気だから。

ふたりいれば、それぞれに正義があり、どちらの正義が正しいのかと争えば戦争になる。しかし、お互いに正義は違うけれど、「キミの正義もわかるよ」と言い合えば戦争にはならない。それが映画のハッピーエンドである。

現実の世の中にハッピーエンドはない。しかし、すべてアンハッピーだと諦《あきら》めてしまったら人生は地獄になってしまう。ならば、せめて大ウソである映画を信じよう。ハッピーエンドとなる映画を信じよう。いつか平和が来ると信じていれば平和という大ウソがウソから出たマコトになる。現実ではアンハッピーでも心の中にはハッピーエンドがある。それが平和にしていく力なのだ。ハッピーエンドのない現実世界でも、映画があれば僕たちの人間性は歪《ゆが》められることはない。だから、映画はとにかく自由に見たらいいのだ。自由気ままが許されるから芸術なのだから。

そのためには先入観を取っ払ってほしい。たとえば、黒澤映画を見るとき、「黒澤映画だから傑作に違いない」と決めつけて見たら、映画の本質を見失ってしまう。

枝葉的な技術よりも幹が大切

僕は、映画賞というものも不要だと思っている。映画の善《よ》し悪《あ》しは人間の主観に委《ゆだ》ねられるもの。結局は好き嫌いで判断されるのだ。アカデミー賞やカンヌ国際映画祭なども、審査員の好みで映画の優劣が決められている。それは、いかがなものか？

日本の映画人は、カンヌやヴェネツィア、ベルリンといった三大国際映画祭に狂わされてきた歴史がある。大島渚さんは、一九八三年に『戦場のメリークリスマス』をカンヌ国際映画祭に出品。最高賞であるパルム・ドールの最有力候補と目されたが受賞を逃し、その年は今村昌平さんの『楢山節考』がパルム・ドールに輝いた。

太平洋戦争下の一九四二年、ジャワ島奥地の日本軍捕虜収容所を舞台に、軍士官や捕虜たちが織り成す複雑なドラマを中心に、西欧と日本の文化的衝突を描いた『戦場のメリークリスマス』は素晴らしい作品だが、大島さんはカンヌ国際映画祭を意識するあまり、デヴィッド・ボウイを出演させるなど奇を衒《てら》いすぎた。

一方、信州の山深い寒村を舞台に、死を目前にした人間の生き方を描いた『楢山節考』は、官能的とは違う、爺《じじ》むささをみせた作品である。今村さんは、カンヌがどれほどの映画祭か知らず、配給の東映が『楢山節考』を出品すると聞いて「東映め、余計なことをしやがって」と思ったのだとか。外国で『楢山節考』が理解されるとは思っていなかった今村さんは、下馬評の高かった大島さんが受賞するだろうと決めつけて、「大島が受賞するのになんで俺がわざわざ行かなきゃならんの」と映画祭に欠席した。受賞監督不参加のパルム・ドールは史上初という椿事《ちんじ》となった。

故郷の奈良で、八ミリキャメラや十六ミリキャメラを使って「自分とは何者か？」を問い続けてきた河瀬直美くんは、プロが腕前を競うカンヌ国際映画祭で、アマチュアのような手法を用い、自分を貫いて世界中の人を驚かせた。一九九七年度カンヌ国際映画祭で、日本映画初となるカメラ・ドールを受賞した『萌の朱雀』は、奈良の山深い村に暮らす家族の人間模様を情感あふれるタッチで描いた作品だ。

その後も河瀬くんは、奈良を舞台に、家族を失った認知症の老人と女性介護士のふれあいを通して人間の生と死を描いた『殯《もがり》の森』や、弱視の男性写真家と視覚障害者用に映画の音声ガイドを制作する女性の交流を描いた『光』など、家族や生死をテーマに、精力的に作品をつくり続けている。

今村さんも河瀬くんも、自分らしさを追求した結果、受賞という評価を得た。カンヌ国際映画祭に合わせて作品をつくったのでは評価はついてこない。結局はフィロソフィーがしっかりした作品、つまり枝葉的な技術よりも幹という意見や考えがしっかりした作品が求められているのだ。ひと頃の商業映画は、幹がないのに枝葉ばっかりを面白くしてごまかそうとする作品が多かった。そのために日本映画は落ちぶれてしまったのである。

一億総白痴化の波に流された映画界

日本映画界の斜陽時代、優秀なクリエイターはテレビという新しいメディアに活躍の場を求めた。テレビでニューシネマをつくろうとしたのだ。山田太一さんと倉本聰さんがその代表である。

一九七〇年代から八〇年代は、テレビドラマの地位が低かった。そんな中、山田さんや倉本さんたちが手がけた脚本は、一時期、「シナリオ文学」などと呼ばれ、高く評価された。彼らのシナリオの多くは書籍化されてベストセラーとなり、次世代の脚本家に大きな影響を与えた。映画は監督の作品、ドラマは脚本家の作品という風潮が日本では強いが、その基盤をつくったのは山田さん、倉本さんたちだ。

山田さんは大学卒業後に松竹に入社し、映画監督の木下惠介さんに師事した。助監督時代から木下さんの映画をテレビドラマに脚色する仕事をはじめ、松竹を出たあとはＮＨＫが脚本家の名前を冠した脚本家シリーズを始めて、その先発に選ばれた。「山田太一シリーズ」として発表された『男たちの旅路』は戦争を体験した世代と戦後生まれの世代の価値観の違いを浮き彫りにした作品。その後も山田さんは、倦怠期《けんたいき》を迎えた夫婦の危機と子供たちが大人になる過程での苦悩や家族が崩壊していくさまを描いた『岸辺のアルバム』や、規格に当てはまらない落ちこぼれの三流大学生たちを主人公にした『ふぞろいの林檎たち』などの人気ドラマを手がけて、社会現象を巻き起こしている。

倉本さんは大学卒業後にラジオ局のニッポン放送に入社。社員として番組を制作する傍《かたわ》ら、ドラマの脚本を執筆していた。ニッポン放送は内職厳禁だったため、執筆はペンネームを使っていた。そのときに付けた名前が「倉本聰」である。東京の下町を舞台に、照れ屋な板前の青年と周囲の人々とのふれあいを描いた『前略おふくろ様』や、北海道富良野市を舞台に、北海道の雄大な自然の中で暮らす黒板五郎とふたりの子供の成長を二十一年間にわたって描いた『北の国から』など、景気浮揚の喧噪《けんそう》の中で変わっていく庶民の価値観を真正面から捉《とら》えたドラマを送り出してきた。

山田さんも倉本さんも、テレビというメディアでニューシネマをつくり、テレビで平和な敗戦後の世界を創造しようとした。

彼らが活躍した初期のテレビ界は賢かった。高度経済成長に胡坐《あぐら》をかいて、一億の国民が総白痴《はくち》化してしまうかもしれないという怯《おび》えの中で、テレビ界は優秀なクリエイターたちを育てたから、素晴らしい作品が生まれたのだ。

一方で、同時期の映画は、白痴化の潮流に流されて観客が逃げていった。幹を重視せず、枝葉ばかりの作品を安易に生み出していたのだ。

しかし、戦争中は、映画人たちが枝葉を一所懸命描いて映画をつくっていた。それは、幹を描くことが許されなかったためだ。

戦前生まれの木下恵介さんは、映画で幹を描くことは許されなかった時代に映画をつくっていた人である。ゆえに、敗戦後、枝葉の映画監督だとずっと思われていて、テーマがなく、技術ばかりで見せていると、日本の批評家からは評価が低かった。

大東亜戦争までの激動の時代を背景に、ある一家の悲喜劇を描いた一九四四年公開の『陸軍』は、太平洋戦争開戦三周年を記念して、国民の戦意高揚を図る陸軍の要請に応えてつくった作品である。

ところが、この作品のクライマックスが、陸軍を怒らせた。戦地に息子を送り出す母親の姿が映し出されたラストシーン。母親役は田中絹代さん。シナリオ通りならば二十秒くらいのカットを、木下さんは三分から五分ほど、このシーンの撮影に費やした。結果、息子を讃えて潔く戦地に送り出したはずの母親が、息子と別れることを悲しみ、息子が死ぬのを恐れる母親になってしまったのだ。

戦意高揚どころか、むしろ厭戦《えんせん》気分を高めるような作品を製作してしまった木下さんは陸軍の逆鱗《げきりん》に触れ、以後、木下さんは終戦まで映画づくりができなくなってしまった。戦争中に軍に反抗した映画監督は木下さんだけだった。

それから約七十年が経った。最近は幹を重視した作品が増えてきた。大衆に媚《こ》びず、正直に自分自身に一所懸命やるような映画が増えてきた。

しかし、昨今の評論家が褒める映画は、昨日の映画である。昨日、『スター・ウォーズ』のような映画があったから、『スター・ウォーズ』と同じような映画をつくれば褒《ほ》めるといった具合。明日の映画を誰も理解しないし、明日の映画を評論家たちは当たり前のように貶《けな》すのである。だから僕は、評論家が僕の新しい作品を貶したときは、「やったぞ、うまくいったぞ！　あんたには理解できないだろう」とほくそ笑む。ところが、新しい作品がヒットしたら、その次の作品で、評論家は手のひらを返したように称賛するのだから、都合のいいものだ。

芸術は主観でしかないのに、評論家たちは作品に二ツ星だとか、三ツ星だとか星をつけて勝手な評価を下し、映画ファンを惑わす。そもそも評論家が褒める映画というのは、監督が誰かというのがまず前提にある。そこには「この監督ならばいい映画をつくらないわけがない」といった先入観がある。それは映画そのものの評価とは別もの。

映画は、見た人が皆違う意見を持つから楽しいのだ。見たあとに話し合って、それぞれ意見を言えるのが楽しいのである。

4Kで発見した志村喬さんの〝生きる〟演技

一九五〇年代に黄金期を迎えた日本映画界は、その後、テレビが台頭して七〇年代に斜陽産業化し、長らく元気がない状態だったのだが、二〇〇六年に国内興行収入で洋画を上回り、その後は活況を呈している。この先もっともっと面白い映画がつくられるだろうという希望を持って、僕は未来の日本映画界を展望しているところだ。希望の光をもたらしたのは、4Kや8Kといった高精細なキャメラの登場によるものが大きい。僕は新時代のキャメラに、新たな可能性を感じている。

ちなみに4Kや8KのKとは「1000」を表す用語で、それぞれ「4000」「8000」を指している。4K（4000）と8K（8000）は、水平（横）方向の画素数のことで、これまで主流だった2K映像は正確には横方向に1920画素、4Kならば3840画素、8Kならば7680画素が含まれているということである。

実は、4Kや8Kの高精細キャメラが登場し始めた頃、そんなキャメラで映画やドラマなんて撮れないだろうと、僕は思っていた。これまでの映画やドラマでは、画面にモノが映り込みすぎると邪魔になって、そのシーンで見せたいものに焦点を持っていけないことがあったからだ。

例えば、電車の中に少女が乗っていて、外の景色を見ている場面を撮るとする。その際、少女と窓の外に彼女が見ているものにフォーカスを当てたいわけである。その間にある窓枠はボケていてほしいといった具合だ。

ところが、実際に８Ｋのキャメラを覗《のぞ》き込んでみたら、フレーム内にあるすべてのものにフォーカスが合う。それを目の当たりにしたら、かえって映りすぎることが面白いと思った。そうなると、見る人によって視点が変わってくるはずなのだ。手前の少女に視点を合わせている人もいれば、奥の老女に視点を合わせる人もいるだろう。視点をどこに持っていくかは見る人の自由で、見る人によってまったく違う印象の作品になることが考えられる。百人登場人物がいれば、百通りの視点で作品を見つめられるわけで、百本分の物語が紡《つむ》げることになるのだ。

そんな高精細のキャメラで映画を撮れば、新しい世界が見えて、新しい作品ができるのではないかと感じた。人間の世界観さえも変えてしまうはずだ。

従来のキャメラなら、例えば原爆で人が殺されても、表情がくっきり映し出されるのはひとりかふたりだった。ところが、８Ｋキャメラであれば一万人の表情がクリアに見える可能性がある。それはときに残念なモノも切り取ってしまうかもしれない。高く評価されてきた表情や表現の正体がバレてしまう恐れもある。しかし、間違った幻想は抱かなくなるだろう。残念なことも多いかもしれないが、それが正体であるならば仕方ないのである。

最近は、名作を４Ｋにアップコンバートして鑑賞しようという試みもなされている。

先日は、黒澤明監督の名作『生きる』を４Ｋデジタル修復版で見る機会に恵まれた。自分が胃癌《いがん》に冒されていることを知った公務員の生きざまを通して、人間の真の生き甲斐を問うた作品だ。４Ｋデジタル修復版で見ると新しい発見があった。主演の志村喬《たかし》さんが二時間もの間、瞬《まばた》きひとつしていなかったのだ。

フィルムで撮った映画は、一秒間に二十四コマの静止画が換わる作業を繰り返すことでできあがるが、一秒のうち九分の四秒はフィルムの入れ替えのためにシャッターで被《おお》われていて、何も映っていないのである。つまり実際に映像が映っているのは一秒間のうち九分の五秒ということになる。この特性から、フィルムでつくられた『生きる』では、志村さんが瞬きをしているように見えていた。

ところが、４Ｋ修復版では志村さんがずっと目を開けたままだったのだ。人は死んだら目を閉じる。それに対して、瞬きひとつしないで目を開けていることが、〝生きる〟ことの表現になっているのだと４Ｋ修復版で気づかされた。

さらに、志村さんが出演している『羅生門』を４Ｋ修復版で見た。芥川龍之介の短編小説「藪の中」と「羅生門」を原作に、黒澤明監督がメガホンを取ったこの作品は、一九五一年度のヴェネツィア国際映画祭で金獅子賞を受賞した名作である。ある殺人事件の目撃者や関係者が食い違った証言をする姿をそれぞれの視点から描き、人間のエゴイズムを追及しているという物語なのだが、『羅生門』は志村さんのみならず、出演者全員が瞬きをしていなかった。皆が目を見開いたまま芝居することで、黒澤さんは狂気に満ちた異常な世界を描いていたのだ。

ところが、ストーリーが進んでいったところで、志村さんが二十回以上瞬きをする場面があった。それまで瞬きひとつしていなかった志村さんが、二十秒もないシーンで、あえて瞬きをして見せることで、夢から覚めたということ、つまり人間の正気を取り戻したことを表現したのである。そして、志村さんが瞬きをして以降、ほかの俳優たちも瞬きをし始めたのだ。

そんな彼らは、映画のラストで泣くことしかできない赤ん坊に寄り添おうとする。その赤ん坊こそ正気の人間の象徴。欲に凝《こ》り固まっていた大人が赤ん坊に寄り添って、無垢《むく》な赤ん坊の未来に希望を託して、ハッピーエンドを迎えるのである。

4K修復版の『羅生門』を見て、この黒澤演出と志村さんの演技に気づき、瞬きひとつが映画のフィロソフィーを導き出すことを、僕は知った。

二〇一八年には、キャメラマンの木村大作くんが『八甲田山』の4Kデジタルリマスター化を行っている。『八甲田山』は一九七七年公開された森谷司郎監督の作品で、大作くんは同作の撮影監督を務めた。一九〇二年、青森の雪中行軍の演習中に起きた八甲田雪中行軍遭難事件をもとにしたこの作品は三年にわたって撮影が行われ、事件当時とほぼ同じ気象条件のもと、雪の八甲田山でもロケが敢行された。あまりの寒さに逃げ出した俳優もいたという過酷な現場で踏ん張り、キャメラを回し続けたのが大作くんである。

そんな大作くんが自ら4Kデジタルリマスター化の作業の中で膨大なフィルムと向き合い、一コマ一コマの傷やゴミを取り除き、映像を鮮明にする処理を行った。トータル六カ月かけてデジタル修復を終えたそうだ。オリジナルでは猛吹雪の中で見えづらかった役者の表情が捉えられるようになっている。

従来の作品を4Kにアップコンバートして見ただけでも、それまでの見え方と異なってくる。高精細のキャメラで撮影すれば、表現の幅が広がるに違いない。日常を撮れば非日常を撮ることができるだろうと感じた。

しかし、現実的には、映画のつくり方も変えなくてはならないし、それに値するつくり方ができるほどの機材も予算もないと思う。

それが日本映画界の悪いところなのだ。映画は科学文明の発明品である。発明はお金がかかるものだ。しかし、気前のいいスポンサーは容易に見つからない。映画は興行的なリスクがつきまとうため、映画製作にお金を出そうという奇特《きとく》な人はなかなかいないというのが現状だ。

〝十六歳のベテラン〟のまま三千年は生きる！

僕には、「映画を尊敬し、映画を愛している人としか映画をつくらない」というポリシーがある。映画で金儲けをしようという人ともこれまで何人か付き合ったことはあるが、そんな人と一緒にやろうとした仕事は途切れてしまった。騙《だま》されたことも人生で二、三度ある。そのうえで「映画が好きで映画を尊敬して、映画をつくることで誇りを持てる人とだけ映画をつくろう」というポリシーに辿《たど》りついたのだ。儲かる儲からないは、別の話。

それならば、どうやって映画をつくってきたのかということだが、高度経済成長期を映像作家として生きてきた僕は、コマーシャル制作の仕事を引き受けていた。テレビの創成期、コマーシャルは〝おトイレタイム〟といわれており、数十秒という短い企業広告をつくってもいいという映像クリエイターは皆無といっていいほどだった。六〇年代、当時はベンチャー企業のようなものだった広告代理店の電通が、コマーシャルをつくれる制作者を探す中、八ミリキャメラを使って自由な表現を追求していた僕に白羽の矢が立ったのだ。

僕にとってコマーシャルは映画だった。流れる時間こそ短いが僕の作品に変わりはなく、決まったコマーシャルづくりの型もなかったので担当者からは自由につくってくれていいと言われた。しかも、テレビの普及で企業が広告費をどんどん計上し始めた時代だった。僕にしてみれば、こんなにいい条件で作品づくりができるなんてむしろラッキーでさえあった。僕にとってコマーシャルは、スポンサー付きの個人映画であり、映像実験室だったのだ。

化粧品メーカーのマンダムのコマーシャルでは、ハリウッド俳優のチャールズ・ブロンソンに出演をオファー。ハリウッド俳優といっても、ブロンソンはそのちょっと前まで本名であるチャールズ・ブチンスキーと名乗って映画に出ていた脇役俳優にすぎなかったときである。しかし、僕は彼に、脇役を超えたスター性があると閃《ひらめ》いてキャスティングした。

ブロンソンの普段着の姿を撮れば、マンダムが提唱しようとしていた〝男の新しい身だしなみ〟を表現できるはずだと、僕は考えた。すると、ブロンソンはおもむろにテンガロンハットを手にした。普段着の自分ならばウエスタンのコスチュームでなければならないと彼は思ったのだろう。それならばと「ちょっとそれを投げてみようよ」と促《うなが》したら、ブロンソンはサッとハットを投げ、それがクルクルクルクルと飛んで、一発で壁のフックに見事に引っかかった。これこそ、彼に身についていたスター性だ。偶然を必然とするのがスターなのだ。「それいいじゃないか、そのまま使おうよ」となって、件《くだん》のコマーシャルができあがった。

ほかにも、カトリーヌ・ドヌーヴの「ラックス化粧品」、カーク・ダグラスの「マキシムコーヒー」など、海外の大スターを使って、一日一本のペースでコマーシャルをつくり続けた。そして、そのときの報酬をすべて映画づくりに注《つ》ぎ込んできた。

僕の奥さんでプロデューサーの恭子さんは「映画に食べさせてもらったことはないわね」と笑う。確かに、これまで映画にどれほどの大金を注ぎ込んできたことか！　しかし、そうでなければ、僕の納得いくような人生は味わえなかっただろうと思うのも事実。

ただ、コマーシャルで得たお金もいよいよ底をついた。新作の『海辺の映画館―キネマの玉手箱』はアスミック・エースの配給だ。自主配給はかなわなかったが、アスミック社と組んだら、それはそれで面白い作品に仕上がった。

ここ二十年ほどは、つくりたい映画を自分の信じる人と一緒に、自主映画ばかりをつくってきた。自主映画はお金がかかる。ついにお金が底をついた途端に向こう三年間の注文仕事が来た。「僕のお金であなたの映画をつくりましょう」という奇特な方が現れたのだ。人との出会いはもちろんのこと、病気との出合いや何よりも映画との出合いには感謝するばかりだ。一期一会《いちごいちえ》というけれど、仲間と出会ったり、愛する人と出会ったり、映画と出合ったり、すべて偶然ではない。必然の産物だと思わずにはいられない。

映画が誕生して約百二十年。その過程を眺めてみると、サイレント映画に始まり、トーキー映画、西部劇、ドキュメンタリー映画、恋愛映画、SF映画など、いろんな個性を持った監督がさまざまな映画を製作してきた。映画の歴史はまさに〝キネマの玉手箱〟といえるだろう。

僕は自我が芽生《めば》えたときから〝映像〟とともに生きてきた。自分の人生で大切にしてきたのは〝十六歳の自分〟だ。十六歳は多感で、正直で、傷つきやすくて、そして夢のある人生の季節。僕は悩んだときに「十六歳の自分ならどうするか」と自問して、〝十六歳の自分〟から答えをもらってきた。このスタンスは今も貫いている。人生最期のその日まで、ずっと十六歳のベテランであり続けたい。

二〇一九年十一月一日、僕の最新作『海辺の映画館—キネマの玉手箱』が東京国際映画祭で上映され、僕は舞台挨拶の壇上に立った。会場に集まってくださったたくさんのお客さんを前に僕は、「やっていないことのほうがいっぱいあるのだから、やらないことをやれば、星の数ほど面白いことができるのだ」と胸を張った。そして、「これから三十年生きるつもりだ」という前言を撤回して、「三千年は生きる！」と宣言した。

肺癌のステージ4、余命半年という診断を受けた二〇一六年八月二十四日から、余命半年を大幅に通り越した約三年半後の二〇二〇年春。まさにこれから『海辺の映画館―キネマの玉手箱』が劇場公開されようとしている。そんな晴れやかな日を前に改めて思う。映画は僕の人生そのもので、僕のフィロソフィーを表現した僕の映画は僕そのもの、そして僕の分身である僕の作品は永遠に生き続けるのだ、と。

尾道の生家に今も残るピアノ。自らが奏でた旋律がクリエイターとしての才能を開花させた

あとがきにかえて

卒業と入学の季節に　是枝裕和

僕は大学時代に広島県尾道市をひとりで旅しているんです。
小津安二郎の世界に浸るためではなく、
大林宣彦の映画の舞台をこの目で見るのが目的でした。
あれから三十年。僕はずっと大林マジックにかかっているのかも知れません。

僕は、本書の「あとがきにかえて」の執筆依頼があった際、多忙を理由に一旦《いったん》辞退させていただいたんです。ただ、読まずにお断りするのは流石《さすが》に失礼だと思い直して、担当編集者さんから原稿を取り寄せてもらったのが運の尽きと言うか……。読み終えたら断ることができなくなってしまいました。本書で大林宣彦さんが後輩としての「是枝裕和」を褒《ほ》めてくださって、しかも山田洋次さんと一緒に「胴上げしたい」だなんて、もったいなくて、照れくさいのですが、バトンを渡そうとされているのに手を引っ込めるのは、やはり気がひけて、覚悟を決めてお引き受けすることにしたのです。

通読して、率直に最も感銘を受けたのは「生命の章」でした。肺癌《はいがん》のステージ4、余命半年を宣告されてもまったく焦りがない。いや、病気であることさえご自身が楽しんでいる。そして、そのことを監督として映画と向き合う態度を、より鋭く研《と》ぎ澄ます手段にさえしている。なんなんだ、「大林宣彦」という人間は、と心底驚かされました。

大林さんとは、時々参加する「シネマ会」で顔を合わせます。「シネマ会」とは、山田洋次さんが二カ月に一度で主催する食事会のことです。山田さんが音頭をとっているので、僕らは「山田会」と呼んでいますが、犬童一心さんや本広克行さんや僕など、山田さんが次世代の映画監督を呼んで、日本の映画界について語らうことを狙いに企画されたものです。大林さんとはそこで何度かお会いしました。大林さんはいつも山田さんの隣に並んで座られていて、和《なご》やかな会の中でもやはりそこだけは違った空気が流れています。片や撮影所育ち、片や生粋のインディーズ。八十歳を超えたこのお二人が並んで座る姿は壮観です。お二人ともよく食べ、よく話されるのですが、より多く話しているのは大林さんなんです。映画にまつわる楽しい話を僕らに熱を持って語り続けるそのパワーとエネルギーにはいつも驚かされています。

大林さんと僕の作る映画のタイプは世間的にはまったく違っていると認識されているのではないかと思います。しかし、ずっとインデペンデント（独立）のスタイルで映画を作り続けてきた点においては、僕も同じスタンスでやってきたつもりなので、とてもシンパシーを感じています。本書で綴《つづ》られている通り、大林さんは「映画はドキュメンタリー的なリアルに寄りかかるのは良くない」と考えています。僕はドキュメンタリー出身なので、逆に捉《とら》えられがちですが、実はその考え方には共感していて、現実をそのまま撮ることがリアルだとは考えていない。大林さんのいう「虚実の皮膜」、つまり〝あわい〟のところに面白いものが顕《あら》わになると捉えている点は共通していると感じています。テーマ的にも「生者は死者によって生かされている」「この世には死者と生者が共存していて、今生きている人間がすべてではない」といった価値観も一致しています。大林さんと僕の映画へのアプローチは真逆だったりするけれど、実は別の角度から同じものを映画に追い求めているのかも知れません。

私たちは死者によって生かされているという感覚は年々乏《とぼ》しくなっていくけれど、大林さんはそれを『ふたり』では亡くなった姉の幽霊と生きる妹をファンタジックに、『はるか、ノスタルジィ』では自分の過去と向き合う小説家を通して映画の題名通りノスタルジックに描いて来ました。そして戦争を題材とした最近の作品は、戦死者と私たちが生きていることがどう関連しているかということを直球で描き出しています。

戦後生まれの僕は当然、太平洋戦争を知りません。でも、だからこそ、戦時中という非常時に映画人がどのように生きていたのか、その生を戦後どのように総括したのか、それとも総括していないのかを映画にしなければならないと考えていて、数年前から構想を温めています。

戦時中、映画会社と監督たちは、ある者は政府に乞《こ》われるまま、ある者は自ら進んで戦意高揚をあおる映画を作っていました。しかし、彼らは戦後、誰ひとり職場を追われず、一旦離れたとしてもまた舞い戻って来たのです。その際、監督たちは戦時中にどんな行いをしていたのかについて互いに口をつぐみ、誰も責任を取らなかった。それは、みな脛《すね》に傷があるからでした。その状況で、監督たちは戦後、民主主義の素晴らしさを高らかに宣言するような映画を作り始めた。果して本当にそれで良かったのか。その主体性の欠如《けつじょ》は戦時中に戦意高揚のための映画を撮っていた態度と同じではないか。そのことをきちんと問う映画を作る責任があるのではないか、と映画を生業《なりわい》としている僕は考えています。まだ実現出来ていませんが。

そんな中で鑑賞したのが大林さんの新作『海辺の映画館―キネマの玉手箱』でした。大林さん独自の自由な製作手法はもちろん、戦時中、原爆の被害に遭《あ》った唯一の職業劇団である桜隊をモチーフにした奇抜なアイデアには目から鱗《うろこ》の落ちるような気持ちにさせられました。ど真ん中に直球が投げ込まれました。

悔しい。正直そう思いました。

初めて明かしますが、僕は大学時代に広島の尾道をひとりで旅しています。卒業旅行です。小津安二郎の世界に浸るためではなく、大林宣彦の映画の舞台をこの目で見るのが目的でした。『時をかける少女』をはじめとした〝尾道三部作〟は僕が大学時代に公開され、一大旋風を巻き起こしました。社会現象以上に僕の中で、という意味です。〝尾道三部作〟の中でも僕は特に『時をかける少女』が好きだったのですが、それは時空を超えて展開するストーリーに魅了されて……というのもありましたが、正直に言えば何より原田知世が可愛かったからなんですが、それはともかく。

尾道の町を歩いていると、ひとりの若者に「大林映画のファンですか？」と声をかけられました。彼も大林映画の大ファンでした。どことなく深町君似の同世代の大学生でした。「この先に『時をかける少女』の舞台となった学校があるんですよ」と誘われるまま、僕は彼とふたりで大林映画のロケ地巡りをしました。『時をかける少女』の理科の実験室や上原謙さんと入江たか子さん夫婦がラベンダーを育てていた温室の跡《あと》、それから『さびしんぼう』に出てきたお寺など、深町君の案内で尾道のロケ地を巡った時間は、それ自体が大林映画のような体験でした。

先程、〝卒業旅行〟と書きましたが、これは必ずしも大学の、ではありません。大林映画からの、といったほうが正しいのです。自らが映画の作り手になるという覚悟を決めていた僕は、大学卒業を機に、大林映画からも卒業するのだと心に決めた上での旅でした。

あれから三十年、大先輩とは違う道をひとりで歩いて来た気になっていましたが、ここへ来て再び自分の歩いている道の先に、昔よりは少し小さく、丸くなった大林監督の背中が、しかし、はっきりと力強く見えて来た。そのことの驚き。それは決して失望ではなく喜びでさえありました。勝手に卒業した気になってはいましたが、実は、僕は、この三十年ずっと、大林マジックにかかっていたのかも知れません。否、僕は未だに入学すら出来ていないのかも知れません。

二〇二〇年三月二十六日　是枝裕和

これえだ・ひろかず●1962年6月6日、東京都練馬区生まれ。テレビドキュメンタリーのディレクターを経て、1995年に『幻の光』で映画監督デビュー。2013年、『そして父になる』がカンヌ国際映画祭で審査員賞を受賞。2018年、『万引き家族』がカンヌ国際映画祭で最高賞となるパルム・ドールを受賞。2019年、カトリーヌ・ドヌーヴ主演の仏日合作映画『真実』がヴェネツィア国際映画祭でオープニング上映された。

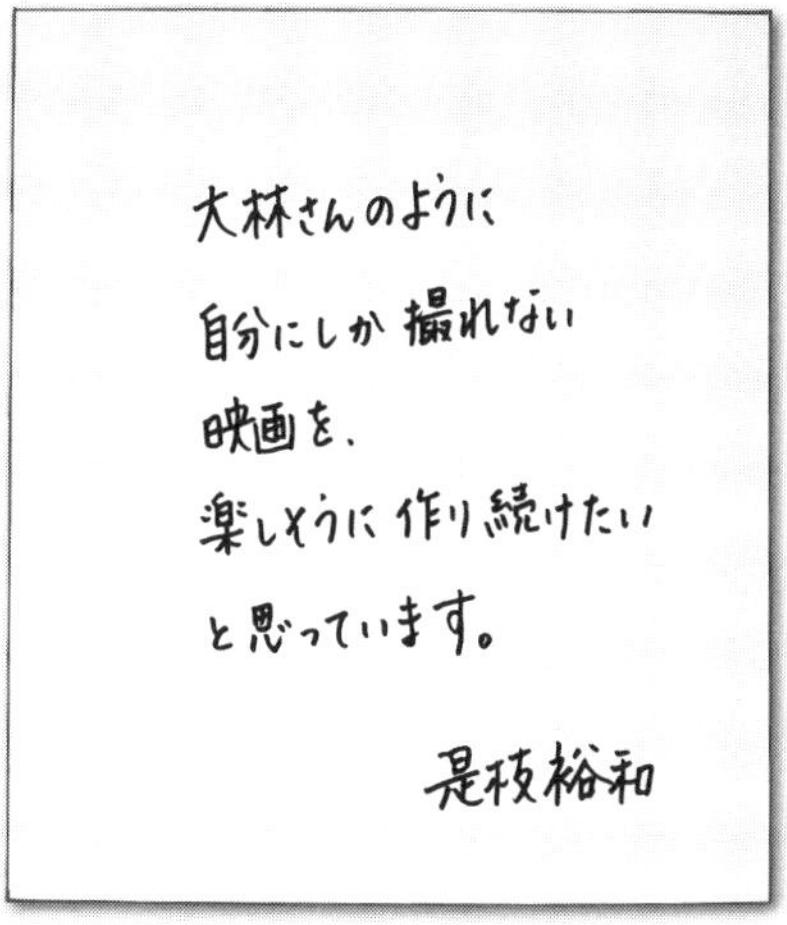
大林さんのように
自分にしか撮れない
映画を、
楽しそうに作り続けたい
と思っています。
是枝裕和

作品タイトル	概要	初出頁
群盗の町	無法地帯オクラホマ州クイント。保安官スコットはこの町を牛耳るハンプトンと対決することに。監督：ティム・フェーラン　出演：ランドルフ・スコット　製作年／国：1946年／アメリカ	158
烙印	『地球最後の日』のルドルフ・マテ監督が手がけたテクニカラー西部劇。『シェーン』で一世を風靡するアラン・ラッドとモナ・フリーマンの共演作。製作年／国：1950年／アメリカ	159
狙われた駅馬車	西部開拓時代、サムとトムのふたりが警備する駅馬車中継所ロウハイドに4人組の脱獄囚が現れる。監督：ヘンリー・ハサウェイ　出演：タイロン・パワー　製作年／国：1951年／アメリカ	160
死の砂塵	保安官のレンは殺人の容疑者をリンチから救った。被害者の父親は引き渡しを要求するが…。監督：ラオール・ウォルシュ　出演：カーク・ダグラス　製作年／国：1951年／アメリカ	161
シマロン・キッド	西部史上の実在の人物シマロン・キッドことビル・ドーリンの波乱の富んだ生涯を描く西部劇。監督：バッド・ベティカー　出演：オーディ・マーフィ　製作年／国：1953年／アメリカ	162
犬の生活	チャールズ・チャップリンが主演・脚本・製作・監督を務めた喜劇。放浪者が野良犬の群れにいじめられている一匹の犬を助けて一緒に生活するが…。製作年／国：1918年／アメリカ	164
一日の行楽	チャールズ・チャップリン主演の短編映画。ピクニックに出かけた一家の奇想天外な行楽模様を綴る。のちの代表作『キッド』につながる作品。製作年／国：1919年／アメリカ	164
黄金狂時代	喜劇王と呼ばれたチャールズ・チャップリンの代表作。飢えや孤独に翻弄されながら、黄金を求めて狂奔する人々の姿を描く。靴を料理して食べるシーンが有名。製作年／国：1925年／アメリカ	164
モダン・タイムス	チャールズ・チャップリンが監督・製作・脚本・作曲を務めた喜劇映画。機械文明を揶揄する作品でチャップリンが歯車に巻き込まれるシーンで知られる。製作年／国：1936年／アメリカ	165
チャップリンの独裁者	チャールズ・チャップリンがドイツ国の指導者だったアドルフ・ヒトラーの独裁政治を批判。第二次世界大戦とは無縁だった時代に未来を見据えた作品。製作年／国：1940年／アメリカ	165
虎の尾を踏む男達	黒澤明監督初の時代劇映画。歌舞伎「勧進帳」を題材に、義経・弁慶一行の安宅の関所越えを描いた作品。検閲によって1952年に公開。出演：大河内傳次郎　製作年／国：1945年／日本	168
どですかでん	黒澤明監督初のカラー作品。木下惠介、市川崑、小林正樹と結成した四騎の会の第1作。貧しい小市民の日常を明るいタッチで描いた作品。出演：頭師佳孝　製作年／国：1970年／日本	168
夢	黒澤明監督自身が見た夢をもとにしている8作のオムニバス映画。スタッフにはスティーヴン・スピルバーグも参画している。出演：寺尾聰　製作年／国：1990年／日本・アメリカ	169
乱	黒澤明監督の最後の時代劇。シェイクスピアの「リア王」や毛利元就の「三本の矢」を取り入れた物語。全米映画批評家協会賞作品賞。出演：仲代達矢　製作年／国：1985年／日本・フランス	172
戦場のメリークリスマス	大島渚監督が描いたインドネシアの・ジャワ島の日本軍俘虜収容所での人間模様。出演：デヴィッド・ボウイ　製作年／国：1983年／日本・イギリス・オーストラリア・ニュージーランド	177
楢山節考	民間伝承の棄老伝説を題材とした深沢七郎の同名小説を今村昌平監督が映画化。人間の本質を追及し、カンヌ国際映画祭でパルム・ドール受賞。出演：緒形拳　製作年／国：1983年／日本	177
萌の朱雀	過疎化が進む「恋尾」を舞台に、山村における過疎化の現実に迫る。河瀬直美監督がカンヌ国際映画祭のカメラ・ドールを史上最年少で受賞。出演：國村隼　製作年／国：1997年／日本	178
殯の森	奈良を舞台に認知症の老人と女性介護士のふれあいを描く。河瀬直美監督がカンヌ国際映画祭の審査員特別大賞「グランプリ」を受賞。出演：うだしげき　製作年／国：2007年／日本	178
光	弱視の男性写真家と視覚障害者用に映画の音声ガイドの女性の交流を描く。河瀬直美監督がカンヌ国際映画祭エキュメニカル審査員賞を受賞。出演：永瀬正敏　製作年／国：2017年／日本	178
男たちの旅路（ドラマ）	戦中戦後の価値観を問う山田太一脚本のヒューマンドラマ。特攻隊の生き残りである警備員と部下である若者たちのふれあいと葛藤を綴る。出演：鶴田浩二　1976年放送／NHK	180
岸辺のアルバム（ドラマ）	1974年の起こった多摩川水害を背景に、倦怠期を迎えた夫婦の危機や子供たちの苦悩、家族が崩壊していくさまを描いた山田太一脚本ドラマ。出演：八千草薫　1977年放送／TBS	180
ふぞろいの林檎たち（ドラマ）	四流大学生たちが学歴の壁に立ち向かい懸命に生きようとする姿を描く。山田太一脚本の青春群像劇。サザンオールスターズの主題歌もヒット。出演：中井貴一　1983年放送／TBS	180
前略おふくろ様（ドラマ）	東京の下町にある料亭を舞台に照れ屋な板前の青年と周囲の人々とのふれあいを描いた倉本聰原案の青春ドラマ。萩原健一が役者として新境地を開拓。1975～76年放送／日本テレビ	180
北の国から（ドラマ）	東京から故郷の北海道に帰郷して、大自然の中で暮らす家族の姿を描く。スペシャルドラマを含めて2002年まで続いた。脚本：倉本聰　出演：田中邦衛　1981～1982年放送／フジテレビ	181
陸軍	木下惠介監督が陸軍省の依頼で製作した映画。幕末から満州事変・上海事変に至る60年間を、ある家族の3代にわたる姿を通して描いた作品。出演：笠智衆　製作年／国：1944年／日本	181
生きる	日々を無為に過ごしていた市役所の課長が余命を知り、“生きる”意味を見いだしていく姿を描く。黒澤明監督の[illegible]。製作年／国：1952年／日本	[illegible]
羅生門	芥川龍之介の「藪の中」「羅生門」を黒澤明監督が映画化。日本映画として初めてヴェネツィア国際映画祭金獅子賞とアカデミー賞名誉賞を受賞。出演：三船敏郎　製作年／国：1950年／日本	186
八甲田山	新田次郎の「八甲田山死の彷徨」を森谷司郎監督が映画化。1902年に青森の連隊が雪中行軍の演習中に遭難した事件を迫真の映像で再現。出演：高倉健　製作年／国：1977年／日本	187

作品タイトル	概要	初出頁
左きゝの拳銃	原作はゴア・ヴィダルの「ビリー・ザ・キッドの死」。無法者ビリーの生涯をリアルに描いた西部劇。監督：アーサー・ペン　出演：ポール・ニューマン　製作年／国：1958年／アメリカ	84
テキサスから来た男	ビリー・ザ・キッドの伝記的西部劇。人格者の牧場主に雇われた無法者のビリーは堅気になろうとするが…。監督：カート・ニューマン　出演：オーディ・マーフィ　製作年／国：1949年／アメリカ	84
かぐや姫の物語	高畑勲監督の14年ぶりの新作であり遺作。“かぐや姫”の筋書きはそのままに、誰も知ることのなかった「心」を描いたアニメーション映画。声の出演：朝倉あき　製作年／国：2013年／日本	85
椿三十郎	悪家老一味と若侍たちの確執に椿三十郎が巻き込まれていく。血飛沫が噴き出す演出はその後の映画に大きな影響を与えた。監督：黒澤明　出演：三船敏郎　製作年／国：1962年／日本	87
彼女が結婚しない理由	やり手のブライダルコーディネーターの母と、婚期を迎えたひとり娘の恋愛模様を通して、現代の結婚観をユニークに描く。監督：大林宣彦　出演：岸惠子　製作年／国：1992年／日本	88
転校生	大林宣彦監督の“尾道三部作”の第1作。石段を転げ落ちてしまった一夫と一美。ふたりの体と心は入れ替わってしまう。出演：尾美としのり　小林聡美　製作年／国：1982年／日本	89
時をかける少女	大林宣彦監督の“尾道三部作”の第2作。筒井康隆のジュブナイルSF小説を映画化。映画デビュー、初主演を果たした原田知世は日本アカデミー賞新人俳優賞を受賞。製作年／国：1983年／日本	90
異人たちとの夏	山本周五郎賞を受賞した山田太一の小説を、市川森一の脚色で大林宣彦監督が映像化した珠玉のファンタジー。1988年度の映画賞を独占。出演：風間杜夫　製作年／国：1988年／日本	90
猫は抱くもの	大山淳子の同名小説を犬童一心監督が映画化。33歳の厭世的な女性と、自分を彼女の恋人だと信じ込む猫の不思議な関係を描く。出演：沢尻エリカ　吉沢亮　製作年／国：2018年／日本	92
土の人	米軍基地があるゆえに起きる沖縄の歪みや苦悩を伝える短編映画。映像作家の山城知佳子はドイツのオーバーハウゼン国際短編映画祭などで絶賛された。製作年／国：2017年／日本	92
クジラの島の忘れもの	日本とベトナムの国交樹立45周年記念作品。日本人女性と夢を追うベトナム人男性のラブストーリー。牧野裕二監督の長編映画デビュー作。出演：大野いと　製作年／国：2018年／日本	93
返還交渉人 いつか、沖縄を取り戻す	沖縄の日本返還にあたった外交官・千葉一夫を主人公に、沖縄返還の知られざる歴史を描いたNHKドラマの再編集劇場版。監督：柳川強　出演：井浦新　製作年／国：2018年／日本	93
若者よなぜ泣くか	佐藤紅緑の原作を牛原虚彦監督が映像化したサイレント青春映画。家庭問題や友人・恋愛・政治問題などさまざまなテーマを盛り込んだ秀作。出演：藤野秀夫　製作年／国：1930年／日本	94
サーカス	サーカスの大道具係となった放浪者が人気者となり、やがて団長の娘に恋を…。脚本・監督・主演を務めたチャールズ・チャップリンの至芸が満載。製作年／国：1928年／アメリカ	96
受難華	ハリウッドで学んだ牛原虚彦監督の帰国第1作。菊池寛の小説を映画化。仲の良い3人の女生徒の卒業後の生活遍歴を描いたメロドラマ。出演：栗島すみ子　製作年／国：1926年／日本	96
大学の若旦那	松竹蒲田が生み出した学園コメディー。ラグビー部の花形選手・藤井はガールフレンドとの関係が公になり、退部となるが…。監督：清水宏　出演：藤井貢　製作年／国：1933年／日本	100
君と別れて	成瀬巳喜男が初めて長編オリジナル脚本を監督したサイレント作品。芸者で生計を立てる母親と中学生のひとり息子の複雑な心情を描く。出演：吉川満子　製作年／国：1933年／日本	101
魂を投げろ	飛田穂洲の短編小説を田口哲監督が映画化。フィルムが欠落しており、1時間の尺のうち、残っているのは約30分。現存する原節子の出演映画の中で最古の作品。製作年／国：1935年／日本	102
暗黒の命令	保安官選挙でカウボーイのボブに敗れた教師のカントレルは腹いせに町を荒らし始めるが…。監督：ラオール・ウォルシュ　出演：クレア・トレヴァー　製作年／国：1939年／アメリカ	103
丘の静かなる男	ヘンリー・ハサウェイ監督がジョン・ウエイン主演で描いた西部劇。定住の地を求めて辺境のオザーク高原に現れた物静かな男とその息子の葛藤を描く。製作年／国：1941年／アメリカ	104
火垂るの墓	野坂昭如の同名小説を高畑勲監督が映像化したアニメーション映画。終戦間近の神戸で親を失くした幼い兄弟が必死で生きる姿を描く。声の出演：辰巳努　製作年／国：2008年／日本	111
八月の協奏曲	原爆体験をした長崎の祖母と4人の孫たちのひと夏の交流を描いた黒澤明監督の反核映画。リチャード・ギアの出演も話題に。出演：村瀬幸子　製作年／国：1991年／日本	115
スター・ウォーズ	ジョージ・ルーカスの構想をもとにルーカスフィルムが製作するスペースオペラ。エピソードは全9作。そのほかスピンオフ作品も多数発表。製作年／国：1977年／アメリカ（第1作）	116
レッド・テイルズ	ジョージ・ルーカス製作総指揮。黒人の空軍パイロットの活躍を描く。監督：アンソニー・ヘミングウェイ　出演：キューバ・グッディング・ジュニア　製作年／国：2012年／アメリカ	116
2001年宇宙の旅	アーサー・C・クラークとスタンリー・キューブリック監督のアイデアをまとめたSF映画。アカデミー賞特殊視覚効果賞を受賞。出演：キア・デュリア　製作年／国：1968年／アメリカ	117
ターミネーター	人類と人口知能の熾烈な戦い。2019年には『ターミネーター：ニュー・フェイト』が公開。監督：ジェー[illegible]　出演：[illegible]　製作年／国：1984年／アメリカ（第1作）	117
生きものの記録	黒澤明監督が原水爆の恐怖を真正面から取り組んだ社会派ドラマ。当時35歳の三船敏郎が放射能に対する被害妄想に取りつかれた70歳の老人を演じて話題に。製作年／国：1955年／日本	119
ゴジラ	ビキニ環礁の核実験に着想を得て東宝が手がけた特撮怪獣映画。シリーズ化されハリウッド版も製作された。監督：本多猪四郎　出演：宝田明　製作年／国：1954年／日本（第1作）	119
野良犬	終戦直後の東京を舞台に、拳銃を盗まれた若い刑事がベテラン刑事とともに犯人を追いつめていく。黒澤明監督初の犯罪サスペンス映画。出演：三船敏郎　製作年／国：1949年／日本	120

キネマの玉手箱

2020 年 4 月 25 日　初版第 1 刷発行

著者　**大林宣彦**

発行人　平川智恵子
企　画　特定非営利活動法人夢ラボ・図書館ネットワーク
発行所　株式会社ユニコ舎
〒 156-0055 東京都世田谷区船橋 2-19-10 ボー・プラージュ 2-101
TEL 03-6670-7340　FAX 03-4296-6819
E-MAIL info@unico.press
印刷所　大盛印刷株式会社

構　成　榛名かなめ
写　真　渡辺富雄
装　画　森泉岳土
装　丁　齋藤ひさの

制作統括　工藤尚廣（株式会社ユニコ舎代表）

企画協力　株式会社 PSC ／大林宣彦事務所
大林恭子
大林千茱萸
小中明子
松竹ブロードキャスティング株式会社
鵜澤由紀
今井亮一
妹尾祥太
安藤智由樹
「大林宣彦のいつか見た映画館」制作スタッフ
佐藤達也
関根時夫
西巻徹
吉川勝彦
小林大介
岡本周一
森田光宏
松本能紀

是枝裕和
城間祥子（松竹株式会社）
幾野伝（株式会社尾道新聞社）
大谷治（有限会社こもん）
芳本亨
丸田明利

Ⓒ Nobuhiko Obayashi 2020 Printed in Japan

定価はカバーに表示してあります。
乱丁・落丁本はお取り替えいたします。
本書の無断複写・複製・転載を禁じます。